종교의
미래

대우휴먼사이언스 001

종교의 미래

반종교와 무신론을 넘어서

이태하 지음

아카넷

머리말

21세기 스마트 시대는 인류에게 새로운 삶의 지평을 열어놓았다. 언제 어디서나 누구와도 소통을 가능하게 해주는 스마트 기기의 등장은 소셜 미디어의 획기적인 발전을 가져왔고 이로 인해 사용자의 경험User eXperience이 중시되는 UX 경제와, 시공간의 제약 없이 일할 수 있는 스마트 워크 시대를 열었다. 그러나 오늘날 UX 경제의 키워드인 빅데이터를 통한 개인정보의 수집과 관리는 놀랍게도 조지 오웰이 『1984』에서 그려낸 빅브라더의 사회를 그대로 닮아가고 있다. 게다가 놀라운 속도로 진화하는 스마트 기기는 인간의 설자리를 빼앗고, 인간 복제를 가능하게 하는 생명공학이나 튜링테스트를 통과한 인공지능을 탑재한 휴머노이드humanoid의 탄생은 과거에 생각조차 하지 못했던 인간의 생명과 권리에 대한 윤리적 문제를 야기하고 있다. 원래 현대 과학문명의 발단이 되었던 근대 계몽주의의 꿈은 토머스 모어가 『유토피아』에서 그리고 있듯이 인간 이성의 개발을 통해 인간의 생명과 자유에 대한 권리가 보장되며 권력과 부의 타락을 찾아볼 수 없는 이상사회 즉 유토피아를 건설하는 것이었다. 그러나 현재 우리는 정보의 집중이 야기하는 전체주의 시대로의 회귀와 부의 양극화 현상으로 인해 일찍이 존 스튜어트 밀이 예언한 디스토피아dystopia에 대한 우려를 떨쳐버릴 수 없게 되었다.

　르네상스 과학혁명을 시작으로 점차 그 영향력을 확대해온 과학기술에 대해 현대인들이 보이는 태도는 분명 양면성을 지니고 있다. 한편에서는 무한한 신뢰를 보내지만, 다른 한편에서는 브레이크를 상실한 채 나락을 향해 폭주하는 기관차처럼 보기도 한다. 과학기술에 대한 현대인들의 이 같은 양면적 시각은 종교에 대한 태도에서도 그대로 나타난다. 과학의 세례를 받은 현대인들은 섭리와 기적을 통해 세세한 인간사에 직접적으로 개입하는 인격적인 신을 믿는 종래의 유신론적 신앙을 쉽게 받아들이지 못한다. 그러면서도 다른 한편에서는 삶과 죽음, 가난과 질병, 부와 빈곤 같이 인류가 존재하는 한 영원히 해결할 수 없는 삶의 긴장 앞에서는 종교의 문을 두드리고 신에게 매달린다. 그러기에 대중들은 리처드 도킨스, 샘 해리스, 크리스토퍼 히친스와 같은 무신론자들에 열광하면서도 다른 한편에서는 프란치스코 교황, 마더 테레사, 법정 스님 같은 종교인들에게도 열광한다. 그런데 이 같은 상반된 현상은 우리 사회의 종교인의 인구분포를 보면 쉽게 납득이 가지 않는다.

모 종교기관에서 2012년에 조사한 한국인의 종교생활에 관한 의식조사에 따르면, 기독교개신교와 천주교인 1,600만 명, 불교인 1,080만 명으로 유교를 제외하고 이 두 종교인만 합해도 우리나라 인구의 54.7퍼센트가 종교인이라는 것이다. 유교와 무속종교를 믿는 사람들까지 합하면 아마도 종교인의 수가 총인구수를 넘어서게 될 것이다. 그런데 어떻게 무신론에 열광하는 사람들이 이렇게 많은 것일까? 이 같은 현상은 중복 집계, 부실한 통계, 이름뿐인 종교인 등 여러 가지 이유로 설명될 수 있겠지만 무신론이 곧 반종교를 의미하는 것이 아니라는 사실이 가장 설득력 있는 설명이 될 것 같다. 실상 모든 종교인이 유신론자인 것은 아니며 반反종교인 또한 모두가 무신론자는 아니기 때문이다. 오늘날 종교인들 중에는 적지 않은 무신론자가 있고, 반종교인들 중에도 상당수의 유신론자가 있다. 이들이 종교에 접근하는 방식은 상이한데, 그들이 말하는 이상적인 종교는 무신론자에게는 '신 없는 종교'이고 유신론자에게는 '종교 없는 종교'이다. 전자는 무신론적 종교이고, 후자는 불가지론agnosticism이나 유신론을 전제로 한 종교이다. 아이러니컬하게도 전자는 교리나 제의의 체계를 의미하는 종교에 대해 우호적이고, 반면에 후자는 적대적이다. 종교를 옹호하는 무신론과 종교를 거부하는 유신론, 이것이 오늘날 현대인들이 종교를 바라보는 새로운 시선이다.

이 책은 인류를 죽음에 대한 공포와 삶의 허무감에서 비롯하는 실존적 불안으로부터 구원할 이 시대의 참된 종교가 '신 없는 종교'인지 아니면 '종교 없는 종교'인지를 반성적으로 성찰해봄으로써 종교의 참된 의미와 가치를 돌아보는 한편, 종교의 미래를 가늠해보는 데 목적이 있다. 이를 위해 르네상스기부터 현대에 이르는 반종교와 무신론의 다양한 논의들을 종교철학적인 관점에서 살펴보았다.

1장에서는 먼저 이 세계를 바라보는 두 가지 상이한 사유 방식인 로고스$_{logos}$와 뮈토스$_{mythos}$를 통해 종교의 본질과 현대 무신론의 문제점을 논의할 것이다. 2장에서는 로고스, 뮈토스의 개념과 더불어 종교를 바라보는 또 다른 개념인 성$_{sacred}$과 속$_{profane}$을 통해 종교를 성聖이 아닌 속俗의 관점에서 바라볼 경우 종교는 한낱 미신으로 전락해 종교의 무용성을 유발할 수 있다는 점을 살펴볼 것이다.

3장에서는 뮈토스의 종교라 할 수 있는 축의 시대$_{Axial\ Age}$[1]의 종교가 로고스의 종교라 할 수 있는 이신론$_{deism}$과 자연종교$_{natural\ religion}$로 그리고 후에는 시민종교로 변천해온 역사적 과정을 르네상스 이후부터 현대에 이르기까지 추적해봄으로써 종교에 개입해온 로고스 중심주의logocentrism의 문제점을 살펴볼 것이다. 4장에서는 신을 믿지는 않지만 종교가 개개인의 삶에 유익함을 주고 사회의 안정과 평화에 기여하는 순기능이 있음을 인정하는 이른바 무신론적 도구주의를 살펴볼 것이다. 이 견해는 종교의 토대를 로고스가 아닌 뮈토스와 파토스에 있다고 보는 점에서 진일보했지만 종교를 실용적 도구로 본다는 점에서 여전히 로고스 중심주의를 벗어나지 못하고 있음을 지적할 것이다. 5장에서는 20세기 부정신학을 대표하는 하이데거와 데리다의 견해를 토대로 하여 전개되는 카푸토의 '종교 없는 종교religion without religion'와 바티모의 '비종교적 기독교non-religious Christianity'를 살펴보고, 그것의 종교철학적 의미를 생각해보고자 한다.

6장에서는 로고스의 종교인 '종교 없는 신God without Religion'에 대한 안티테제라 할 수 있는 파토스의 종교인 '신 없는 종교'와 '종교 없는 종교' 모두가 참된 종교가 될 수 없음을 지적하며, 대안으로 에토스ethos의 종교를 추구하는 레비나스의 타자의 철학을 살펴볼 것이다. 7장에서는 레비나스의 타자의 철학이 '종교 없는 종교'가 아니라 실상은 유대교의 신학에 불과함을 밝힘으로써 결국 축의 시대의 종교에 대한 반발로 시작된 종교적 사유가 반종교와 무신론의 변증법적 과정을 거쳐 다시 축의 시대의 종교로 회귀하고 있음을 보여주고자 한다.

이러한 고찰을 통해 21세기 인류에게 의미 있는 영향력을 행사할 수 있는 참된 종교는 로고스이성와 파토스감성가 중첩되는 에토스의지에 토대를 둔 신비주의적 종교라는 결론에 도달한다.

차례

7장 무신론과 반종교를 넘어서

1

로고스와
뮈토스

1 육화된 신의 비밀

기원전 6세기 이오니아 출신의 시인이자 철학자 크세노파네스 Xenophanes, 기원전 560~480는 당시 고대인들이 믿던 신들에 대해 다음과 같이 말했다.

금발에 푸른 눈을 한 트라키아인들은 자기네 신들도 금발에 푸른 눈을 하고 있다고 생각하고, 에티오피아인들은 자기네 신들은 검다고 생각한다. 사람들은 자기 자신을 신의 원래 모습으로 생각하기 때문에 신의 참모습은 보지 못한다. 그들은 자신의 유한성을 신에게 전가하고 있는 것이다. 만약 말과 소와 사자가 인간처럼 손으로 그림을 그릴 수 있었다면, 동물들 역시 자신의 신을 말이나 소 혹은

로고스와 뮈토스

사자의 형태로 표현했을 것이다.[1]

　당시 사람들이 믿고 있는 신들을 살펴보니 이들 신들이 인간의 좁은 시야와 제한된 경험으로 인해 인간의 모습으로 묘사되고 있다는 것이다. 크세노파네스의 지적처럼, 신이 존재한다면 신의 실제 모습이 어떻게 유한한 인간들이 제 각각 상상한 그런 모습일 수 있겠는가? 일단 크세노파네스처럼 인간의 의인적 신관에 의문을 갖거나 문제를 제기한다면 이는 신을 이성적으로 생각하기 시작한 것이다. 신의 존재에 대해 관심을 가져본 사람이라면 누구나 이런 비판적인 물음도 한 번쯤은 해보았을 것이다. 여기서 한 걸음 더 나아가 이 세상을 창조하고 운행하는 전능하고 전지한 절대적 존재로서 신이 존재한다고 가정해보자. 그런 신은 결코 유한하고 나약한 존재인 인간과 같은 모습을 하고 있을 리 없다. 또한 변화와 생성에 좌우되는 사멸적 존재가 아니기에 시공을 초월한 보편적 세계에 속한 영원한 존재일 것이다.

　그런데 우리가 신을 초월적 세계에 존재하는 영원하며 보편적인 존재로 가정하게 될 경우 또 다른 문제가 야기된다. 경험에 의존적인 제한된 인식능력을 지닌 인간이 어떻게 그런 시공을 초월한 보편적이며 영원한 절대적 존재를 인식할 수 있는가 하는 점이다. 이런 인식의 문제 외에도 또 다른 심각한 문제가 제기된다. 만약 크세노파네스가 신은 검은 머리인 동시에 금발이라는 모순을 피하기 위해 참된 신은 어떠한 물리적인 형태도 갖고 있지 않다고 주장했다면, 그리고 트라키아인의 수호신이며 동시에 그들과 앙숙인 이집트인의 수호신이라는 모순을 피하기 위해 신은 어느 편에도 속하지 않는 지고至高한 신이라고 가정했다면, 그런 신은 설혹 존재한다고 해도 사실상 인간의 삶과는 전혀 무관한 존재일 것이다. 그리스인들은 그런 지고한 신을 '쓸모없는 신' 또는 '불필요한 신'이라는 의미에서 '숨은 신' 즉 데우스 오티오수스Deus otiosus라고 불렀다. 그래서 기독교는 '스스로 있는 자'「출애굽기」 3:14로서의 창조주가 '쓸모없는 신'이거나 '숨은 신'이 아니라는 것을 말하기 위해 육화한 신으로서 온전한 신이자 동시에 온전한 인간인 예수 그리스도를 이야기하고 있는 것으로 보인다. 그러나 '스스로 있는 자'와 육화한 신인 예수의 관계를 신학적으로 설명하는 삼위일체의 교리는 신을 단순한 인격체로 생각할 수 없음을 보여줌으로써 다시금 신에 대한 우리의 이해를 오리무중에 빠뜨리고 만다.

중세 말 위대한 후기 스콜라 신학자였던 쿠자누스Nicolaus Cusanus, 1401~1464 추기경은 유일자이자 절대자인 신을 유한한 존재인 인간이 인식할 수 없다고 주장하면서도 일찍이 크세노파네스가 비판했던 대중들의 의인적 신관을 상대적이고 모순적이라는 이유로 배격하지 않았다. 오히려 그는 르네상스기에 널리 애호된 명암법스푸마토 기법[2]을 들어 신에 대한 인식의 상대성을 옹호한다. 이 기법에 따라 그려진 레오나르도 다빈치Leonardo da Vinci, 1452~1519의 〈모나리자〉를 보면 그림 속 모나리자의 시선이 관람자의 시선을 따라 움직이는 것 같다. 그런데 어떤 사람이 이 그림을 보면서 모나리자의 시선이 실상은 자신의 시선을 따라 움직이지 않으며 스푸마토 기법에 따른 관람자의 착시일 뿐이라고 이야기한다면 이 사람은 그림을 감성적인 관점이 아닌 이성적인 관점에서 바라보고 있는 것이다. 쿠자누스에 따르면, 모나리자의 시선을 신의 시선이라 가정할 때 신은 초월적 존재이기에 나의 시선을 따라 움직이지 않는다고 생각하는 사람이 있다면 그에게 신은 자신과 무관한 존재인 것이다. 이처럼 신앙이란 모나리자의 시선 즉 신의 시선이 자신의 시선을 따라 움직인다고 생각하는 것이다. 여기서 쿠자누스가 이야기하고자 하는 것은 사람들이 일반적으로 갖고 있는 의인적 신관을 상대적이며 주관적이라는 이유에서 비판하고 거부하는 것은 신과의 연관성을 부인하는 것이며 이는 결국 신의 존재를 받아들이지 않는 무신론으로 귀결된다는 것이다.[3]

육화된 신의 비밀이 바로 여기에 있다. 만약 우리가 미술관에 가서 〈모나리자〉를 볼 때 모나리자의 신비한 미소와 시선에 이끌

모나리자의 시선과 신앙

중세의 위대한 신학자 쿠자누스는 "신은 바라보는 자인 동시에 보여지는 자로서 하나로 통일되어 있다"고 말한다. 예를 들어 모나리자 작품을 감상할 때, 감상자가 자신의 위치를 변경한다 하더라도 모나리자의 시선이 감상자를 줄곧 바라본다는 것이다. 이 모나리자의 시선을 신의 시선이라고 가정할 때 신은 초월적 존재이기에 나의 시선을 따라 움직이지 않는다고 생각하는 사람이 있다면 그에게 신은 그와 무관한 존재인 것이다. 이처럼 신앙이란 모나리자의 시선, 즉 신의 시선이 자신의 시선을 따라 움직인다고 생각하는 것이다. 레오나르도 다 빈치, 〈모나리자〉(15세기경).

리기보다는 레오나르도 다빈치가 어떤 표현기법을 사용했는지를 알아보기 위해 그림을 본다면 그것은 미술 전공자나 화가의 태도일지는 몰라도 예술을 감상하는 태도는 아닐 것이다. 모나리자처럼 시선으로 대화를 거는 그림 속 인물에게 시선으로 답하는 무언無言의 대화를 나누는 것이 그 그림을 제대로 감상하는 방식일 것이다. 전자가 학문적 태도라면 후자는 예술적 태도라 할 수 있을 것이다. 종교적 태도란 바로 후자와 같은 것이다.

2
로고스와 뮈토스
세계를 바라보는 두 개의 시선

고대 그리스인들은 세상을 두 가지 상이한 시선으로 바라보았다. 로고스logos와 뮈토스mythos가 바로 그것이다. 로고스는 우주의 생성과 운행을 지배하는 이법理法이자 이를 합리적으로 사고하여 이해할 수 있는 이성을 말한다. 인간은 개념적이고 분석적이며 종합적으로 판단할 수 있는 이성의 능력을 통해 자연의 규칙적 운행을 이해할 수 있었고 그로 인해 세대를 이어 생존을 이어갈 수 있는 문명을 건설하였다. 그러나 로고스가 인간의 유한성에서 기인하는 실존적 불안을 덜어줄 수 없었기에 그리스인들은 뮈토스 즉 신화에 의지했다. 오늘날 신화라 하면 사람들 대부분은 꾸며낸 이야기 정도로 여기지만 실상 신화란 단순한 허구가 아니라 유한한 존재인 인간이 실존적 불안 속에서 영적인 위로와 힘을 얻고 그 덕분에 힘겹고 불안한 삶을 잘 헤쳐나갈 수 있게 해주던 삶의 지혜인 것이다.

로고스와 뮈토스를 개념적으로 좀 더 명확하게 이해하기 위해서는 이를 철학적으로 조망해야 하는데 먼저 아리스토텔레스 Aristoteles, 기원전 384~322의 철학의 핵심 사상인 사원인설四原因說을 이해할 필요가 있다. 아리스토텔레스는 『형이상학Metaphysica』에서 자연을 탐구하는 네 가지 방식에 대해 이야기한다.[4] 자연 탐구를 위한 네 가지 방식이란 자연 사물에 대해 제기할 수 있는 네 개의 서로 다른 질문들로서 첫째 그 사물이 무엇인가?, 둘째 그것이 무엇으로 이루어졌는가?, 셋째 그것이 무엇에 의해 만들어졌는가?, 넷째 그것이 무엇을 위해 만들어졌는가? 하는 것이다. 아리스토텔레스는 이들 질문을 아이티온aition이라는 법정 용어를 사용하여 설명했는데 아이티온이란 법정에서 상대방을 고소하거나 변호하는 이른바 상대방에 대한 '공격 방식'을 의미한다. 아리스토텔레스가 『형이상학』에서 이 용어를 사용한 까닭은 자연을 공략즉 탐구하는 데 네 가지 방식이 있다는 뜻이다. 후일 이 아이티온이라는 말이 라틴어 'causa'로 번역되고 이것이 영어 'cause'로 번역됨으로 인해 오늘날 원인이라 불리게 되었다. 그 결과 자연을 탐구하기 위해 던지는 네 개의 질문은 각각 형상인, 질료인, 작용인, 목적인을 묻는 질문으로 정리되었다.

따라서 이 세상에 존재하는 모든 존재는 네 가지 원인을 갖고 있다고 할 수 있다. 이들 사원인四原因 중에서 질료인과 작용인은 인간이 경험과 이성을 통해 밝혀낼 수 있는 자연에 대한 정보information로서 이것에 대한 인간의 앎을 우리는 지식knowledge이라고 말한다. 반면에 형상인과 목적인은 경험의 영역에 속하는 것이 아니라 경험에 앞서 사물을 인식하는 인식의 주체에게 경험의 주체적 관점을 제공하는 것으로서 여기서 관점이란 세계와 인생의 의미를 전체적 연관성 속에서 파악할 수 있게 해주는 하나의 세계관을 의미하고, 이런 세계관을 갖는 것을 우리는 지혜wisdom라고 말한다.[5] 앞서 언급한 그리스인들의 사유와 앎의 두 가지 방식 중 로고스란 바로 지식의 범주学問에 속하는 것이고, 뮈토스란 지혜의 범주宗教에 속하는 것이다. 인류는 로고스를 통해 육신에 필요한 양식을, 그리고 뮈토스를 통해 영혼에 필요한 양식을 얻으며 살아왔다. 그런 점에서 이들은 대립적인 것이 아니었고 서로 상보적인 관계에 있었던 것이다. 그러나 이런 상보적 관계가 깨어지기 시작한 것은 아이러니컬하게도 늘 서양철학사의 첫머리를 장식하는 그리스 자연철학의 태동과 더불어서다.

밀레투스 학파에 속했던 자연철학자인 아낙사고라스Anaxagoras, 기원전 500~428는 눈에 보이는 질료보다는 정신누스, nous을 더 중시한 최초의 인물로서 의인적 신을 믿는 대신 우주를 지배하는 신은 그리스 신화에 나오는 인간적 신들이 아니라 성스러운 물질로 이루어진 누스이며, 사람들이 신성시 여기던 달과 별이란 거대한 돌덩어리에 불과하다는 당시로서는 상당히 파격적인 주장을 하였다. 이는 아낙사고라스가 사물의 생성과 소멸을 설명하는데 질료인 외에 작용인의 개념을 도입했다는 것을 의미한다. 그러나 아낙사고라스는 여전히 목적인을 몰랐다. 아낙사고라스의 누스를 작용인이 아닌 목적인으로 이해함으로써 뮈토스의 영역을 연 사람은 바로 그의 제자 소크라테스Socrates, 기원전 470~399였다.

소크라테스는 『파이돈Phaidon』에서 만물이 왜 생겨나고, 왜 소멸하는지 그 원인을 아는 일은 흥미롭다고 말한다. 그러나 그는 아낙사고라스가 말하는 우주적 정신 즉 누스 이론을 보면 그 정신은 공기, 에테르, 물과 같은 질료들의 창조자가 아니며, 이들 질료들에 단지 질서를 부여하는 원리작용인일 뿐 질서를 부여하는 목적이 무엇인지에 대해서는 아무 설명이 없다고 비판하면서 우리가 관심을 기울여야 할 참다운 원인은 공기, 에테르, 물과 같은 한낱 질료인이나 그것에 질서를 부여하는 작용인이 아니라 바로 선의 이데아와 같이 모든 존재하는 것들의 참되며 궁극적인 목적이 되는 목적인이라고 말한다.

말하자면 누군가가 소크라테스는 자기가 행하는 모든 행위를 이성으로써 행한다고 말해놓고서는 정작 소크라테스가 행하는 하나하나의 행위들의 원인들을 설명함에 있어서는 이런 식으로 말하는 것이네. 이를테면 먼저 내가 여기에 앉아 있는 까닭을 말함에 있어서 이렇게 시작하는 거네. 나의 몸은 뼈와 건으로 구성되어 있는데, 뼈들은 단단하게 또한 서로서로를 구별 짓는 마디를 가졌고, 또 건은 오므렸다 폈다 할 수 있는 것이며, 이 뼈들은 근육과 또 근육을 에워싸고 있는 피부에 의하여 둘러싸여 있다고 말하네. 그런 다음에는 그는 또 뼈는 관절 단위로 연결되어 있어서 오므렸다 펴졌다 하는 건이 지금의 내 다리를 구부릴 수 있게 하는데, 이런 까닭으로 해서 내가 지금 여기에서 무릎을 침대 아래로 구부려 내리고 앉아 있다고 말하는 식일세. …… 그런 논법은 개별적인 원인과 그것 없이는 도대체 원인이 원인일 수조차 없는 궁극적인 원인이 사실상 별개의 것임을 구별하지 못하는 것임을 의미하네.[6]

아낙사고라스에 대한 소크라테스의 불만은 한마디로 말해서 아낙사고라스가 사건의 원인cause과 이유reason를 구분하지 못한다는 것이다. 예를 들어, 아낙사고라스가 "철수는 매사를 이성에 따라 행동한다"고 말하고 나서, 철수가 학교에 간 것을 놓고 그가 어떻게how 학교에 갔는지 즉 어떤 경로를 거쳐 그리고 무엇을 타고 갔는지에만 관심을 갖고 그가 학교에 왜why 갔는지에 대해서는 아무 설명이 없다는 것이다. 철수가 어떻게 학교에 갔느냐보다는 왜 학교에 갔느냐가 더 중요하다는 것이 소크라테스의 생각이다. 요컨대 지식보다 지혜가 더 중요하다는 것이다. 그러나 이 둘 중에 어느 것이 더 중요한지를 논하는 것은 무의미하다. 왜냐하면 이 둘 중 어느 하나가 없어도 인간은 결코 인간다운 삶을 영위해갈 수 없기 때문이다.

생물학적으로만 보면 인간은 자연 생태계에서 살아남기에는 여러모로 결함이 많은 존재이지만 이성을 통해 문명을 건설함으로써 마침내 『구약성서』의 「창세기」에서 신이 명한 대로 자연을 지배하는 존재 즉 만물의 영장이 되었다. 다시 말해, 지식을 통해 인간은 생존에 성공한 것이다. 그러나 비록 거친 자연에서 생존에 성공했다고 해도 인간은 자신의 유한성과 우연성에서 비롯하는 실존적 불안을 떨쳐버릴 수 있는 것은 아니기에 삶에 의미와 가치를 부여해주는 지혜가 필요한 것이다. 어느 날 갑자기 암 진단을 받은 사람이 있다고 하자. 그는 최첨단 현대 의학으로 암을 치료 받을 수 있을 것이다. 그러나 암으로 인해 야기되는 육체의 고통과 경제적 궁핍, 오랜 치료 과정에서 겪게 되는 가족들과의 갈등과 심적 고통 그리고 고통으로 인해 촉발되는 삶의 의미와 가치의 문제는 현대 의학이 해결해줄 수 있는 것이 아니다. 바로 이런 문제들 때문에 사람들은 종교를 찾는 것이다.

3 뮈토스와 종교

그렇다면 종교는 어떤 방식으로 과학이 할 수 없는 이런 일을 행할 수 있는 것일까? 그것은 바로 종교의 토대가 되는 신화에 비밀이 숨어 있다. 신화를 의미하는 그리스어 뮈토스는 '참된 말'이라는 뜻을 지니고 있는데 이는 신화에서 신들과 조상들이 태초에 행한 초시간적인 창조 행위가 성스럽고, 참되다는 의미이다. 엘리아데Mircea Eliade, 1907~1986에 따르면 "종교적 인간은 그가 신들을 모방하는 정도에 따라 근원의 시간인 신화의 시간 속에서 산다. 달리 표현하면, 종교적 인간은 지속을 의미하는 세속적인 시간에서 벗어나서 흐르지 않는 시간 곧 영원과 접속하게 된다."[7] 따라서 사람들은 종교적 제의kult의 형태로 신화를 모방하고, 반복하며, 현재화함으로써 성스럽고 참되며 영원한 존재의 영역에

발을 들여놓고자 한다.[8] 종교적 인간이란 한마디로 '존재에 목말라 하는 인간'인 것이다. 종교적 인간은 주기적으로 종교적 축제나 제의를 통해 신화적 시간 즉 성스러운 기원의 시간으로 회귀하며 신의 창조물로서의 인간 존재의 신성성을 체험함으로써 자신의 실존의 의미와 가치를 마음속에 되새기는 것이다. 이처럼 가사적mortal 존재인 인간이 존재의 불확실성을 극복하기 위해서 존재의 근원에 자신의 실존의 닻을 내리려는 것이 바로 종교인 것이다.

소크라테스는 누구보다도 신화의 이 같은 기능을 정확히 이해하고 있었다. 소크라테스와 그의 제자들 간에 나눈 옥중 대화를 기록한 『파이돈』의 끝 부분을 보면, 소크라테스는 영혼의 불멸에 대한 긴 철학적 논변을 전개하다가 뜬금없이 그리스 신화에 나오는 이야기인 하데스저승에 이르는 여정을 상세하게 말하고 있다.

이 강들의 실상은 이러하네. 망자들이 저마다 자신의 수호신이 데리고 가는 곳에 이르면, 그들은 먼저 훌륭하고 경건하게 살았던 자들인지 아니면 그렇지 못한 자들인지 심판을 받게 된다네. 만약 어느 쪽도 아니고 어중간하게 산 것으로 판단되는 자들은 아케론 강에 이르러 그들을 위해 마련된 배에 올라타 호수로 가서 그곳에 살면서 정화를 하게 되는데 악행에 대해서는 벌을 받음으로써 사함을 받게 되고, 선행에 대해서는 그에 상응하는 보답을 받게 된다네. 그러나 저지른 죄가 너무 커서 돌이키기 어려운 자들, 예를 들어, 여러 차례나 엄청나게 많은 성물을 훔쳤거나 또는 의롭지 못한 위법한 살인을 여러 번 저질렀거나, 또는 이와 같은 유형의 다른 중죄를 저지른 자들은 그들에게 알맞은 운명moira으로서 타르타로스의 심연 속으로 내던져 다시는 이곳을 벗어날 수 없게 된다네. 그러나 저지른 죄는 비록 크지만 구제될 수 있다고 판단되는 자들, 예를 들어, 울적하는 마음에서 부모에게 폭행을 가했지만 여생을 통해 뉘우치며 보낸 자들이나 또는 이와 유사한 식으로 살인을 한 자들은 타르타로스의 심연 속에 던져지지만 거기서 한 해를 보내게 되면 큰 파도가 그들을 밖으로 내던져 살인자들은 코퀴토스 강 쪽으로 그리고 부모를 해친 자들은 필히 플레게톤 강 쪽으로 각각 떨어지게 되네. 이들은 강물에 의해 아케론 호숫가에 이르게 되는데 그곳에서 살인범은 자신이 죽인 사람을, 그리고 남을 폭행한 사람은 자신이 폭행한 사람을 불러 자기들이 강에서 나와 호수로 들어갈 수 있도록 허락해달라고 탄원하게 된다네. 그래서 만약 허락을 받게 되면 그 강에서 나와 고통을 면하게 되지만, 허락을 받지 못하면 그들은 다시 강물에 실려 타르타로스 심연에 빠지게 된다네. 이 같은 고난은 자신들이 해친 사람들이 허락할 때까지 계속되는데 이는 심판자가 그들에게 내린 벌이기 때문이라네. 한편 두드러지게 경건한

31

생활을 한 것으로 판단되는 사람들은 이 지상의 모든 지역으로부터 자유롭게 벗어나게 되는데 이는 마치 감옥에서 풀려나는 것과 같은 것으로서 그들은 순수한 거주지로 올라가서 그곳 세상에서 살게 된다네. 그러나 이들 중에서 철학으로 자신을 충분하게 정화한 사람들은 향후 영원히 육체 없이 살게 될뿐더러 전보다 더 아름다운 거주지에서 살게 되는데 그것을 설명하기가 쉽지 않거니와 지금으로서는 그럴 만한 충분한 시간도 없네.[9]

이처럼 길게 신화를 이야기한 후 소크라테스는 다음과 같이 의미심장하게 말을 잇고 있다.

그렇다고 해서 이 모든 것들이 내가 이야기한 대로라고 단호하게 주장한다는 것은 적어도 이성을 지닌 사람들에겐 어울리지 않는 일일세. 그렇지만 혼은 분명히 불사의 것인 것 같으므로, 적어도 우리의 혼과 그 거주지에 관한 한 지금 말한 것이 옳다든가 또는 그와 비슷하다고 믿는 것은 내가 보기엔 적절하고도 보람 있는 모험적인 믿음일 것 같이 생각되네. 정말이지 그 모험은 훌륭한 모험일세. 따라서 이러한 것들이 정말로 그러하다는 것을 마치 주문을 외우듯 자기 자신에게 납득시켜야만 하네. 이 때문에 내가 그 이야기를 그렇게 길게 늘어서 했던 것이네. 누구든지 생애를 통해 자기 자신의 육신과 관련된 즐거움이나 치장에 대해서는 제 것이 아니라 낯선 것이며, 이롭게 하기보다는 해롭게 하는 것이라 여기고서 결별을 하되, 배우는 것과 관련된 즐거움에 대해서는 열의를 보이며 혼을 혼 자체의 장식물이라 할 수 있는 절제와 올바름, 용기, 자유 그리고 진리로 장식하고서 정해진 운명이 저승하데스으로의 여행을 부를 때는 기꺼이 떠날 생각으로 기다리고 있어야 하는 것이네.[10]

소크라테스의 이 말은 로고스에 비해 자칫 폄하되기 쉬운 뮈토스의 참 의미와 가치를 일깨운다. 뮈토스는 소크라테스도 고백하듯이 이성로고스의 관점에서 볼 때 지극히 불합리해 보일 수 있다. 그러나 소크라테스의 생각은 달랐다. 뮈토스는 우리의 삶에 깊이 영향을 주는 선험적인 세계관과 가치관을 담고 있기에 이성의 잣대로 평가하기보다는 초이성적인 신비로 수용해야 한다는 것이다.

뮈토스의 참된 가치를 간파한 사람은 소크라테스만이 아니었다. 그리스 비극시인이던 소포클레스Sophocles, 기원전 497~406도 그중 하나였다. 그는 그리스 자연철학자들의 합리주의와 소피스트들의 상대주의가 무신론과 회의주의를 낳았고 이것이 폴리스도시국가의 견고한 토대가 되어온 그리스의 신화적 종교를 붕괴시키고 있다는 사실을 직시했다. 따라서 폴리스를 사랑한 소포클레스는

로고스와 뮈토스

소피스트들의 공격에 의해 약화된 신화적 종교에 대한 신앙을 회복하기 위해 『오이디푸스 왕』을 무대에 올렸던 것이다.

자기가 낳은 아들이 자신을 죽이고 자신의 아내와 동침하게 될 것이라는 신탁의 저주를 피하기 위해 라이오스Laius 왕은 아내 이오카스테Iocaste와의 동침을 피했으나 결국 아들 오이디푸스Oedipus를 낳게 된다. 그러자 라이오스 왕은 또다시 저주를 모면하고자 아들을 숲에 내다 버리지만 이웃나라 코린토스 왕 폴리버스Polybus의 하인이 그를 발견해 왕에게 데려감으로써 폴리버스의 아들로 자란다. 어느 날 오이디푸스는 신탁의 저주를 듣게 되고, 그 저주를 피하기 위해 자신의 아버지라 믿은 코린토스 왕의 곁을 떠나 방황의 길에 나선다. 그러나 운명의 갈림길에서 그는 스핑크스로 인한 재난을 해결하러 가던 라이오스 왕을 만나고 사소한 다툼 끝에 그를 죽이는 과오를 범하게 된다. 그 후 오이디푸스는 스핑크스의 문제를 해결한 공로로 라이오스 왕을 대신해 테베Thebes의 왕이 되고 그의 어머니인 이오카스테 왕비와 결혼해 두 아들과 두 딸을 얻게 된다. 그러던 어느 날 테베에 심한 가뭄과 기근이 닥치고 그 재난의 원인이 아버지를 죽이고 어머니와 결혼한 자신에게 있음을 알게 된 오이디푸스는 이미 이 사실을 알고 자결한 어머니의 머리핀을 빼 자신의 두 눈을 찌르고 방랑의 길을 떠나게 된다. 그러자 자신의 두 아들 에테오클레스Eteocles

와 폴리네이케스Polyneikes는 서로 왕이 되기 위해 싸우다가 모두 전사하고, 에테오클레스를 대신해 왕이 된 그의 처남 크레온Creon 은 오이디푸스의 맏딸인 안티고네Antigone를 국법을 어기며 오빠 인 폴리네이케스를 땅에 묻어 장사지냈다는 이유로 지하 감옥에 가둠으로써 스스로 목숨을 끊게 만든다. 라이오스, 이오카스테, 오이디푸스, 에테오클레스와 폴리네이케스 그리고 안티고네의 죽음으로 이어지는 한 가족의 비극은 인간이 아무리 발버둥을 쳐도 결국은 신의 손바닥을 벗어날 수 없다는 사실을 가슴 깊이 각인시킨다. 소포클레스는 폴리스의 법과 제도를 지키기 위해서 는 그것들에 신성함과 권위를 부여하던 신화적 종교가 복원되어 야 함을 알고 있었기에 그는 오이디푸스 왕의 비극을 통해 시민 들이 예전처럼 신에 대한 두려움과 경외심을 가지고 살아갈 것 을 촉구했던 것이다.[11]

오이디푸스는 신탁의 저주를 피하기 위해 방황하던 중 스핑크 스새의 날개를 갖고 있고, 머리와 가슴은 여인, 꼬리는 뱀, 몸통과 발톱은 사자의 모습을 한 괴 물의 수수께끼를 풀게 되면서—이것은 비극의 출발점이 된다— 테베의 왕이 되었는데 스핑크스의 수수께끼는 아침에는 네 다리 로, 점심에는 두 다리로, 저녁에는 세 다리로 걷는 짐승의 이름 이 무엇이냐는 것이었다. 이 수수께끼의 답은 인간이다. 이 수수 께끼가 전하고자 한 메시지는 인간은 신이 아니라 짐승이며 이 사실을 아는 지혜로운 자가 왕이 되어야 한다는 것이다. 수수께 끼의 답을 알았던 오이디푸스는 누구보다 인간의 한계와 분수를 아는 지혜로운 자였지만 그는 자신이 그토록 피하고 싶었던 신탁의 저주를 피하지는 못했다. 그는 자신의 아버지를 죽이고 어머니와 결혼하는 패륜과 근친상간의 죄를 저지른 짐승이었던 것이다. 결국 자신이 짐승이었음을 깨달은 오이디푸스는 자신의 눈을 찔러 장님이 된 채 테베를 떠나 방랑의 길을 나서게 된다. 이 비극 작품은 떠나는 오이디푸스 왕을 향해 부르는 코러스의 노래로 서서히 막을 내린다.

테베의 시민 여러분! 여기 이 가련한 인간을 보십시오. 이 사람이 그 어려운 수수께끼를 풀었고, 이 세상 모든 사람들이 부러워했던 위대한 오이디푸스 왕이오. 자, 여길 보십시오. 불행한 운명의 만조 滿潮, 이분 머리를 휩쓸고 지나갔소. 살아있는 모든 자, 항상 임종의 날을 생각하라! 이 세상 살고 있는 동안 자신의 행복 결코 뽐내지 마라! 죽어 무덤에 갈 때 평정심 가질 수 없고 고통으로부터 해방과 자유가 없다면 행복한 인생이라 결코 말할 수 없으리![12]

『오이디푸스 왕』의 3부작 중 마지막 편인 「안티고네」에서도 비극은 계속된다. 감옥에 간힌 안티고네가 자결을 하자 그녀를 사랑하던 크레온 왕의 아들인 하이몬Haymon 역시 그녀를 따라 자살을 하고, 아들을 잃고 슬픔에 빠진 크레온 왕의 부인인 에우리디케Eurydice 또한 아들을 따라가게 된다. 자식과 아내를 모두 잃고 비탄에 잠긴 크레온 왕이 퇴장할 때 그의 등 뒤에서 코러스는 다음과 같이 노래한다.

지혜가 없는 곳, 행복이 없고, 신을 경배할 수 없는 자, 지혜 얻을 수 없다. 오만한 자의 큰 소리 반드시 신의 분노 부르고, 늙어서야 비로소 지혜를 배운다.[13]

소포클레스가 말하고 싶었던 것은 로고스에 의해 한껏 부추겨진 인간의 오만이 인간의 불행을 자초한다는 것이며 신을 경배하는 뮈토스의 의미를 아는 것이 이런 불행을 막는 지혜라는 것이다. 인간은 로고스를 통해 환경 즉 자연을 통제함으로써 이 땅에서 의식주를 해결하며 생존할 수 있었지만, 자신의 유한성에서 비롯하는 삶의 근원적 문제인 실존의 문제는 로고스가 아닌 뮈토스를 통해 해결할 수밖에 없다. 바로 이 같은 사실은 소포클레스 시대로부터 2,500년이 흐른 지금도 별반 다름이 없다. 그러기에 오늘날까지도 우리는 소포클레스가 전하는 비극을 읽으면서 그 비극적 서사가 전하는 교훈에 귀를 기울이는 것이다.

뮈토스, 삶의 불행을 막는 지혜

소포클레스는 폴리스의 법과 제도를 수호하기 위해서는 그것들에 신성함과 권위를 부여하던 신화적 종교가 복원되어야 함을 알고 있었다. 그래서 그는 오이디푸스 왕의 비극을 통해 신에 대한 두려움과 경외심을 갖고 살아갈 것을 촉구했던 것이다. 인간은 로고스를 통해 생존의 문제를 해결하였다고 본다면, 삶의 근원적 문제로서 실존의 문제는 뮈토스를 통해 해결할 수밖에 없다. 이것이 바로 소포클레스가 전하는 비극의 중요한 메시지 가운데 하나다. 안토니 브로도프스키, 〈오이디푸스와 안티고네〉(1828).

4 로고스와 종교

그러나 아리스토텔레스가 『형이상학』의 첫 문장을 "모든 인간은 본래 앎을 욕구한다"[14]는 말로 시작했듯이 인간은 이성을 지니고 있기에 로고스는 호시탐탐 뮈토스의 영역을 넘겨다보았고 줄기차게 그 영역을 침범했다.[15] 에덴에서 하와가 "너도 선악과를 먹게 되면 신처럼 지혜롭게 되리라"[16]는 뱀의 유혹에 넘어간 원죄의 사건은 로고스가 뮈토스의 영역을 침범한 사건이라고 할 수 있을 것이다.

바로 이 원죄를 중세 1,000년 중 가장 빛나는 철학자라 할 수 있는 토마스 아퀴나스Thomas Aquinas, 1225~1274는 늘 경계했다. 비록 철학이 이성 즉 로고스에 의해 이루어지는 사유지만 이것이 뮈토스의 영역을 침범해서는 안 된다는 사실을 늘 염두에 두고 있었던 것이다. 『신학대전』 서두에 나오는 이른바 '신의 존재에 대한 아퀴나스의 다섯 가지 증명'은 증명이라는 말이 시사하는 바와는 달리 로고스를 통해 뮈토스를 해명하려는 것이 아니었다. 그가 논증에서 동원한 우주론적 증명cosmological argument, 존재론적 증명ontological argument, 목적론적 증명teleological argument이 논증하고 있는 존재는 원동자the first mover, 제일원인the first cause, 필연적 존재 necessary being, 완전자perfect being, 지적 설계자intelligent designer로서 이는 그리스도교적 신앙의 대상이 되는 인격적 신God과는 명백히 다른 일종의 비인격적인 신deity이었다. 그 역시 이 점을 분명히 인식하고 있었기에 각 증명의 결론마다 그것을 신이라고 단정하기보다는 "모두가 신이라 부르는 것quod omnes dicunt Deum"이라고 적고 있다.[17] 아퀴나스는 여기서 한 걸음 더 나아가 우리가 신에 대해 사용하는 모든 언어는 유비에 불과한 것임을 거듭 강조하였다. 존재 자체니 선함 자체니 하는 신에 대한 묘사는 실상 유비적 표현에 불과할 뿐 우리는 그 정확한 의미를 알 수 없다는 것이다.[18] 따라서 아퀴나스가 제시한 다섯 가지 신의 존재증명은 로고스에 의해 뮈토스의 영역을 침해한 것이 아니라 실상은 로고스의 영역 너머에 뮈토스의 영역이 있음을 보여주려 한 것이었다고 말할 수 있다. 20세기 천재적인 언어논리철학자였던 비트겐슈타인Ludwig Wittgenstein, 1889~1951 또한 이 점을 명확히 이해하고

종교의 미래

있었기에 그가 남긴 유일한 저술인 『논리철학논고』를 "말할 수 없는 것에 대해서는 침묵을 지켜야 한다Wherefore one cannot speak, thereof one must be silent"는 말로 끝맺고 있다.[19]

그러나 근대 과학에 의해 영향을 받은 철학자들은 로고스 영역 너머에 설정된 뮈토스의 영역을 미신과 광신의 온상으로 보고 이를 계몽의 대상으로 보았다. 물론 이성의 관점에서 볼 때 뮈토스의 영역에 속하는 계시에 기초한 신조, 교리, 의례 등은 불합리해 보이기에 미신적인 것으로 간주되어 배척될 소지가 있었다. 그러나 이러한 요소들은 실상은 종교적 경험을 담아내고 전달하는 도구였다. 한때 사제이기도 했던 가톨릭계의 대표적 신학자인 폴 니터Paul Knitter, 1940~ 는 토인비Arnold J. Toynbee, 1889~1875의 말을 빌려 신조와 교리 그리고 종교적 의례의 가치를 다음과 같이 강조하고 있다.

> "부가물"로 여겨졌던 신조, 법전 및 의식의 외적인 것들 없이는 종교는 절대자에 대한 메시지와 경험을 특정한 역사적 시기의 특정 사회에 살고 있는 사람들에게 전달할 수 없을 것이다. …… "구원의 가치는 성육신이다." 절대적인 것을 통한 구원의 경험을 전달하기 위해서, 종교는 그 자신을 특정한 역사와 특정한 문화 속에 성육화시켜야 한다.[20]

41

육화된 말씀 즉 신으로서 그리스도의 존재는 이성의 눈에 참으로 불합리해 보이지만 그것이 있기에 구원의 메시지가 사람들의 마음을 움직일 수 있듯이, 계시에 기초한 온갖 신조와 교리 그리고 의례가 없이는 구원의 메시지를 담아낼 수도, 전달할 수도 없다는 것이다. 다시 말해 일견 불합리해 보이는 계시에 기초한 교리와 의례는 구원의 메시지를 전달하기 위해 요구되는 종교의 육화된 모습이라는 것이 니터의 주장이다.

그러나 영적 현존에 대한 우리의 내적 경험을 표현하는 신조와 의례가 비록 종교의 육화된 모습이라고 할지라도 그것들이 고착화되어 우상화되거나 미신화되는 것을 막기 위해서는 그것을 철학적으로 성찰하는 반성적 작업이 필요하다. 특히 유대교, 기독교, 이슬람교, 불교, 힌두교 등 대부분의 기성 종교는 어느 정도 인격화된 신을 믿고 있는데 바로 이 점이 이들 종교의 우상화와 미신화 그리고 타락과 폭력의 직접적 원인이 될 수 있다. 카렌 암스트롱은 인격적 신deus persona을 믿는 위험을 다음과 같이 지적한다.

때때로 인간은 자신이 느끼고 행하는 것처럼 신도 느끼고 행하며, 또한 신이 인간의 편견과 아집을 부정하기보다 용인하는 것으로 추정하곤 한다. 그리고 신이 재앙을 막지 못하고 오히려 조장하는 것처럼 보일 때 인간은 신을 냉혹하고 잔인한 존재로 이해하며, 심지어 재앙이 신의 뜻이라고까지 믿음으로써 근본적으로 이해할 수 없는 것마저 인정하기도 했다. 또한 인격적 신 개념은 신을 남성적 측면에서만 이해함으로써 여성을 억압하는 부적절한 성 관습을 정당화시켰다. 이처럼 인격적 신은 인간이 스스로의 한계를 인정하고 겸허하게 초월적 세계를 지향하게 하기보다 냉혹하고 잔인하며 편협한 인간적 과오를 정당화시키는 위험을 품고 있다. 모든 종교가 공통적으로 내세우는 사랑의 가르침과는 정반대로 인격적 신은 인간이 타자를 판단하고 정죄하며 소외시키는 구실이 되기도 한다.[21]

종교가 뮈토스의 영역임에도 로고스의 개입이 필요한 까닭이 바로 여기에 있다. 뮈토스에 대한 배척이 아닌 뮈토스의 의미와 가치를 성찰함으로써 뮈토스의 참된 가치를 더욱 빛나게 하기 위해 로고스의 작업이 필요한 것이다. 독일의 종교철학자이자 가톨릭 사제인 요한네스 힐쉬베르거Johannes Hirschberger, 1900~1990에 따르면, "신은 숨은 신이지만 우리의 신앙은 모든 소가 검게 보이는 밤이 아니다."[22] 그의 말처럼 뮈토스의 영역에 속한 신을 인간의 유한한 머리로는 도무지 이해할 수 없다고 해도 신앙이라는 것이 어둠을 향해 무조건 돌진해야 하는 그런 무모한 모험과 같은 것은 아니다. 토마스 아퀴나스는 일찍이 "은총계시은 자연_{이성}을 파괴하지 않고 오히려 그것을 완성한다"[23]고 말했으며, 그의 가르침을 따라 신앙과 이성의 양립 가능함을 주장한 로크 John Locke, 1632~1733는 인간은 이해할 수 없는 것에 대해서는 참된 동의를 하지 않는 존재이기에[24] 늘 어렵고 힘든 결단을 요구하는 신앙에 대해 이성의 해명이 따라야 한다고 생각했다. 실제로 이성의 이해와 동의가 없이 일방적으로 특정 계시에 대한 믿음을 누군가에게 강요하는 경우 그것이 참된 신앙과 구원으로 이어지리라고 기대하기는 어렵다. 따라서 책임 있는 종교적 행동과 헌신을 생각하는 사람들이라면 누구나 이성의 능력이 미치는 데까지 자신의 신앙을 이성적으로 해명해야 하는 것이다. 그러나 우리가 이성적으로 성찰하려는 신은 야곱이 광야에서 밤새 씨름을 한 천사보다 훨씬 강한 존재이기에 우리의 노력은 무익하거나 진실과는 거리가 멀 수 있다. 그럼에도 이러한 노력이 없다면 우리의 믿음은 한낱 미신으로 전락해버릴 수도 있기에 우리는 신앙에 대한 이성적 해명을 포기할 수 없는 것이다. 토인비는 이 작업의 어려움을 다음과 같이 표현하고 있다.

당신은 양파 껍질을 까다가 껍질과 동시에 속까지 모두 까버린 것을 발견할 수 있을 것이다. 또한 당신은 그림을 닦다가―계속 덧입혀진 광택이나 덧입혀진 철을 벗겨내다가―빈 캔버스만을 남긴 것을 발견할 수도 있을 것이다. 이러한 두 가지 작업 자체는 아직 위험수위에까지 이른 것은 아니다. 모든 경우에 당신은 위험을 무릅쓰고 닦고 벗긴다. 만약 이러한 위험 때문에 당신이 양파 까는 일을 중단한다면 양파를 먹지 못할 것이다. 그리고 만약 당신이 그림 닦는 일을 중단한다면 당신은 당신 자신이나 다른 사람들의 눈에 현재 먼지가 낀 그 옛 사람의 걸작 그대로를 드러내놓지는 못할 것이다.[25]

종교에 대한 철학적 담론은 다름 아닌 알곡과 가라지를 구별해내는 매우 힘든 작업이다. 그런데 유감스럽게도 근대 계몽주의 이래 서구에서 전개된 종교철학적 논의들 대부분은 토인비가 우려했던 바처럼 양파의 껍질을 까려다가 결국은 속까지 다 까버리거나 먼지 묻은 그림을 닦다가 그 그림을 모두 지워버리는 오류를 범하였던 것이다.

이는 르네상스 과학혁명 이래 서구인들이 과학적 합리성에 경도되면서 진리를 로고스적인 것, 즉 이성과 경험을 통해 입증되는 일종의 지식으로서 이해하기 시작했기 때문에 벌어진 일이다. 로고스적인 시각에서 종교를 바라볼 때 종교의 토대가 된 신화는 허구와 거짓이 되고, 믿음은 신뢰와 헌신 그리고 참여가 아니라 좀처럼 받아들이기 어려운 모순되고 불합리한 교리들에 대한 한낱 무책임한 지적 동의가 된다. 문제를 더욱 심각하게 만든 것은 뮈토스의 참된 의미를 제대로 이해하지 못했던 과학계가 아니라 뮈토스의 영역을 지켜야 했던 기성 종교계의 움직임이었다.

창조과학자나 지적 설계론자 같은 일부 기독교 근본주의자들은 과학만을 진리의 독점적 탐구로 여기는 일부 편향된 과학자들의 우군이 되어 자신들의 신앙이 진리임을 주장하기 위해 신앙의 과학화를 시도하였다. 이들은 초월적 존재에 대한 은유적 표현이라 할 수 있는 성서의 신관과 이를 토대로 전개된 기독교적 세계관을 객관적 사실로 수용해 이를 배타적 진리로 주장하였으며 한 걸음 더 나아가 이를 과학적으로 입증하고자 노력하였다.[26] 이들은 종교를 뮈토스가 아닌 로고스의 영역으로 끌고 갔던 것이다. 그 결과 리처드 도킨스Richard Dawkins, 1941~[27], 샘 해리스Sam Harris, 1967~[28], 크리스토퍼 히친스Christopher Hitchens, 1949~[29] 같은 현대의 대중적 무신론자들이 등장했고, 많은 대중들이 무신론에 귀를 기울이는 계기가 되었다. 그러나 더 냉정한 시각에서 이들 무신론자들이 기독교 근본주의의 토대 위에서 기독교 신앙의 과학성을 주장하고 있는 창조론자나 지적 설계론자들에 맞서 벌이고 있는 무신론 논쟁은 크리스마스 이브에 착한 아이들에게 선물을 나누어준다는 산타클로스가 실제로 존재하는지 여부를 놓고 말싸움을 벌이는 어린아이들의 논쟁만큼이나 유치한 것이다.

46

종교의 미래

도킨스는 『만들어진 신』에서 신의 존재가 원칙적으로 논증될 수 없기에 신이 존재할지 존재하지 않을지는 확률이 반반이라는 결론을 내리는 불가지론자의 추론이 오류임을 지적하기 위해 버트런드 러셀의 찻주전자 우화를 예로 들고 있다.

내가 지구와 화성 사이에 타원형 궤도를 따라 태양을 도는 중국 찻주전자 하나가 있다고 주장하면서 그 찻주전자가 우리의 가장 강력한 망원경으로도 보이지 않을 만큼 아주 작다는 단서를 신중하게 덧붙인다면, 아무도 내 주장을 반증할 수 없을 것이다. 그러나 내 주장이 반증될 수 없다고 해서 그것을 의심하는 것은 인간 이성에 대한 용납하기 어려운 억측이라고까지 내가 말한다면 그건 헛소리로 여겨져야 옳다. 하지만 그런 찻주전자가 존재한다고 옛 서적에 명확히 나와 있고, 일요일마다 그를 신성한 진리라고 가르치며, 학교에서도 그를 아이들의 정신에 주입시킨다면, 그 존재를 선뜻 믿지 못하는 것은 괴짜라는 표시가 될 것이고, 이를 의심하는 자는 계몽시대의 정신과 의사나 그 이전의 종교재판관의 이목을 끌게 될 것이다.[30]

도킨스는 신의 존재를 주장하는 것은 찻주전자의 존재를 주장하는 것만큼이나 황당한 주장이며, 그것의 존재를 입증하기 어렵기에 그것의 존재를 의심하는 것은 이성을 가진 사람이라면 너무도 당연한 것이라고 말하고 있다. 여기서 한 걸음 더 나아가 찻주전자의 존재를 입증하는 거증擧證 책임은 그것의 존재를 부정하는 사람이 아니라 존재를 주장하는 사람의 몫이기에 더더욱 그렇다는 것이다. 그런데 과연 신의 존재가 찻주전자의 존재처럼 앞으로 과학이 발전하면 언젠가는 그 진위가 입증될 수 있는 그런 경험적 대상일까? 도킨스는 신의 존재에 대한 불가지론은 실천적으로 일시적인 불가지론temporary agnosticism in practice이지 원리상 영원한 불가지론permanent agnosticism in principle이 아니라고 단언한다. 그러기에 어떤 시점에 이르면 우리는 신이 존재하는지 여부를 명확히 알게 될 것이라고 주장한다. 그런데 도킨스는 대체 어떤 근거에서 신을 찻주전자같이 시공간적인 제한을 받는 사물처럼 생각하는 것일까? 신의 존재를 믿는 사람들이 도킨스의 주장처럼 과연 신을 산타클로스나 중국산 찻주전자와 같은 그런 존재로 믿고 있을까?

도킨스에게 이런 비판의 빌미를 준 것은 다름 아닌 근본주의에 기초한 창조과학자나 지적 설계론자들이다. 그러나 창조주인 신을 이야기하면서 피조물에 적용되는 물리적 개념을 들어 신을 언급하는 것이 과연 적절한 것일까? 신이 존재한다고 할 때 '존재'라는 말은 오직 시공간의 제약을 받는 존재들에만 적용해서 사용해왔기에 우리는 누군가가 '신이 존재한다'고 말할 때 신 역시 시공간적인 제약을 받는 존재처럼 생각하기 쉽다. 그러나 신은 결코 그런 식으로 생각할 수 없다. 현대 신학계의 거성인 독일의 신학자 폴 틸리히Paul Tillich, 1886~1965는 1960년 일본에서 한 강연에서 신에 대한 이런 식의 사고가 문제가 있음을 지적한다.

존재라고 하는 말은 시간과 공간 속의 존재자에 대하여 사용됩니다. 다른 혹성이 태양계 속에 존재하기도 하고, 깊은 바다에 다른 동물이 존재하기도 하는 것을 증명하는 것처럼, 신이라고 하는 존재자가 존재하는 것을 증명할 수가 있다고 한다면, 그와 같이 증명될 수 있는 존재자는 분명히 신은 아니며 이 세계의 일부일 것입니다. 그런 식으로 우리가 존재한다고 말할 수 있는 신은 실상은 신이 아니며, 신 이하의 상상적 존재자일 뿐입니다.[31]

적어도 신이 시공간의 제약을 받지 않는 초월적 존재라고 생각한다면 우리가 신에 대해 사용하는 모든 개념은 토마스 아퀴나스가 지적하였듯이 비유적인 의미로 받아들여야 한다. 적어도 신의 존재를 자신의 삶의 의미와 가치와 연계시킬 수 있는 성숙한 신앙인이라면 신의 존재를 입증하려고 하기보다는 비유적으로 표현할 수밖에 없는 신적 초월성에 머리가 아닌 마음으로 다가가고, 실천으로 응답할 것이다.

또한 인간의 언어와 개념을 초월해 자신에게 다가오는 초월적 타자성에 마음의 문을 열고 스스로를 비우면서 헌신과 참여를 통해 자신의 삶에 의미와 가치를 부여하는 것이 종교의 참된 의미라는 것을 이해한다면 홍해를 가르고 이스라엘 백성을 광야로 이끈 모세의 기적이나 오병이어五餅二魚로 5,000명을 먹인 예수의 기적 그리고 십자기에 매달려 죽은 지 시흘 만에 살아난 예수의 부활 기적이 실제로 일어난 사실임을 입증해 보이라고 요구하지 않을 것이다. 그보다는 그 사건이 주는 영적인 메시지가 무엇인지를 찾고자 할 것이다.[32] 이솝우화를 들으면서 그 우화가 주는 교훈보다는 우화에 나오는 동물들이 어떻게 인간처럼 이야기를 나누고, 인간처럼 도구를 사용할 수 있느냐고 타박하는 사람은 없다. 이솝우화에 나오는 유명한 여우와 황새 이야기가 있다. 일종의 그림언어인 이 이야기를 아이들이 들으면 "내가 대접받고 싶은 대로 남을 대접하라"는 인생의 황금률을 머리가 아닌 가슴으로 배우게 되고, 가슴이 느낀 감동만큼 실천적인 삶을 살게 되는 것이다. 종교란 이와 같이 머리가 아닌 가슴으로 세계관과 가치관을 수용하고 삶에서 이를 실천하는 행위이다.

『신약성서』의 네 복음서 모두에 수록된 오병이어의 기적을 예로 들어보자. 제자들이 갖고 있던 물고기 두 마리와 빵 다섯 개로

5,000명이 넘는 무리를 먹인 이 사건을 놓고 두 가지 해석이 있을 수 있다. 하나는 정말 예수가 이 적은 양의 물고기와 빵을 늘리는 기적을 행사했다고 보는 것이고 다른 하나는 예수와 그의 제자들이 자신들이 먹을 음식을 내놓자 무리에 있던 사람들 역시 저마다 먹을 것을 내놓아 아무도 굶지 않고 오히려 음식이 남았다고 보는 것이다. 전자는 자연의 법칙을 깨고 일어난 일종의 위반기적인 데 반해 후자는 자연의 법칙 안에서 일어난 일종의 조화기적이다. 후자가 기적인 것은 그것이 좀처럼 일어나기 어려운 일이었기 때문이다. 로마의 압제하에서 늘 먹을 것이 없어 굶주리던 식민지 백성들에게 식량은 곧 목숨이고 생명이었을 것이다. 그러기에 먹을 것을 나눈다는 것은 곧 자신의 생명을 나누는 행위와 같은 것이었던 만큼 5,000명이 넘는 무리가 자신이 갖고 있던 음식을 서로 나누어 먹었다면 그것이야말로 기적이 아니고 무엇이었겠는가?

기독교를 이른바 사랑의 종교라 말한다. 이 오병이어의 기적이 사랑의 기적을 가르치기 위함이라면 위반기적보다는 오히려 조화기적에 교훈이 담겨 있다고 하겠다. 우리의 마음을 움직이는 진한 감동이 위반기적이 아닌 조화기적에 있기 때문이다. 예수가 마술 같은 능력으로 5,000명이 넘는 무리를 먹였다면 그것은 자신이 바로 신이라는 사실을 보여주기 위함이었을 것이다.

51

그러나 그 사건에서 어떤 감동을 기대할 수 있을까? 그렇게 잘 먹일 수 있는 신이 왜 지금까지 이스라엘 백성을 굶주리게 하고 로마의 학대를 받게 했던 것일까? 감동보다는 오히려 의혹이 뒤따른다. 그러나 늘 배고픔에 시달리던 5,000명이 넘는 사람들이 제자들이 내놓은 음식을 서로 먹겠다고 다투기보다 오히려 자신보다 더 배고픈 사람을 위해 자신이 가져온 음식까지 꺼내서 나누는 장면은 그야말로 감동이며 기적이다. 바로 기독교가 원하는 기적은 이 같은 사랑의 기적일 것이다. 종교란 이처럼 인식의 문제가 아닌 실천의 문제이며, 사실의 문제가 아닌 해석의 문제이며, 머리가 아닌 가슴의 문제인 것이다. 신앙이란 종교적 교리에 대한 단순한 지적 동의가 아니라 마음을 움직이는 가슴의 동의이며, 바로 이 동의로 인해 자기를 비우고kenosis[33], 신비한 초월로부터 오는 부름에 응답하는 헌신commitment인 것이다.

2

성과 속

1 종교 없는 사회

종교에 대해 철학적 논의를 할 때 반드시 제기되는 두 개의 문제가 있다. 하나는 종교의 토대foundation에 관한 것이고, 다른 하나는 종교의 기원origin에 관한 것이다. 지금까지 종교의 토대에 대해 이야기했다면 이제는 종교의 기원에 대해 논의해보고자 한다.

흄David Hume, 1711~1776은 『종교의 자연사』에서 종교를 "인간의 마음을 움직이는 인생의 사건들에 대한 관심과 끝없는 희망과 공포심으로부터 생겨난 것"이라고 말한다.[1] 엘리아데 역시 『성과 속』에서 자신의 한계를 깨달은 인간이 구원을 바라는 데서 종교의 기원을 찾고 있다. 그렇다면 고도의 문명을 건설함으로써 자신의 한계를 하나하나 극복해온 인류는 문명의 발전에 비례해 그만큼 종교에서 멀어진 것일까? 이러한 의문에 대해 흥미로운 답을 주는 화제의 책이 있다. 미국의 사회학자인 필 주커먼Phil Zuckerman, 1969~의 『신 없는 사회』가 바로 그것이다. 주커먼은 덴마크인과 스웨덴인 149명에 대한 인터뷰를 통해 그들의 종교성을 연구했는데 그가 내린 결론은 종교가 선한 사회의 필수 요소가 아니라는 것이다.

한낱 사회과학도로서 나는 이 지구상에서 인류가 앞으로 어떤 길을 걸어갈지 거창한 예언 같은 건 할 수 없다. 하지만 적어도 지금 21세기 초입에, 북극권 바로 아래에 존재하는 나라의 초상화를 그리려고 애써볼 수는 있다. 그 나라에서는 대부분의 사람들이 하느님을 별로 믿지 않고, 종교가 내세우는 초자연적인 주장들이 문자 그대로 진실일 거라고 받아들이지도 않고, 교회에도 잘 안 나가고, 대체로 세속주의적인 분위기 속에서 살아가고 있다. 그 사회에서 죽음은 단순히 자연현상으로 차분하게 받아들여지며, 삶의 궁극적인 의미란 그저 개인이 만들어가는 것에 불과하다. 이처럼 종교에 무심한 사회가 존재한다는 사실은 비록 신앙이 널리 퍼져 있기는 해도 그것이 인간의 선천적 특징은 아님을 암시한다. 또한 종교가 건강하고, 평화롭고, 부유하고, 속속들이 선한 사회의 필수 요소가 아니라는 의미도 내포하고 있다.[2]

지구상에 현존하는 모든 국가들이 덴마크나 스웨덴과 같은 이상적인 복지국가가 된다면 과연 지구상에서 모든 종교가 사라질까? 주커먼의 이야기를 듣다 보면 언젠가는 세상이 발전해 모든 종교가 사라질 수도 있을 것이라는 생각이 든다. 그런데 건강하고, 평화롭고, 부유하고, 선한 사회에서 종교는 필수 요소가 아니라는 주커먼의 주장을 받아들이기에 앞서 세 가지 의문이 떠오른다. 첫째는 불과 149명을 인터뷰 조사한 결과를 갖고 과연 그런 주장을 할 수 있을까 하는 점이고, 둘째는 지금과 같은 그런 이상적인 사회를 건설하는 데 종교즉 기독교의 역할이 있지 않았느냐는 점이고, 셋째, 종교란 교리에 대한 믿음이라기보다는 경건한 삶의 실천이라는 점에서 이웃에 대한 사랑을 실천하는 스칸디나비아 사람들이야말로 말로만 믿음을 외치는 다른 나라 사람들보다도 오히려 종교성이 충만한 사람들이 아닌가 하는 점이다.

　　주커먼이 『신 없는 사회』에서 스칸디나비아인들의 마음속에서 종교가 사라졌다는 결론을 내렸을 때 그가 염두에 두고 있는 종교는 일차적으로 주술적 종교다. 그런데 과연 그의 주장처럼 그들의 마음속에서 주술적 종교가 사라졌을까? 오늘날처럼 과학 문명이 발달하지 않았을 뿐 아니라 대다수의 사람들이 인간답게 살 수 없던 시절, 사람들은 자연재해와 질병, 전쟁과 폭력으로 인

성과 속

한 죽음의 공포 속에서 주술적 종교에 의존해 삶을 영위했을 것이다. 그러나 점차 과학이 발달하고 시민사회가 발전하게 되면서부터 인류의 종교에 대한 관심은 스칸디나비아인들의 경우처럼 현저하게 약화된 것이 사실이다. 그렇지만 과학의 발달이나 국가의 선진화로 인해 장차 종교가 사라지게 될 것이라고 말할 수 있을까?

삶과 죽음, 건강과 질병, 부와 빈곤이라는 태초 이래 인류가 직면해온 세 가지 긴장은 인간을 공포와 불안에 빠뜨린 주된 원인이었다. 물론 시간이 갈수록 그 긴장은 인류 문명의 발전에 힘입어 과거보다 완화되기는 했지만 이들 긴장이 인간의 근원적 문제라는 점에서 여전히 불안과 공포의 원인이 되고 있다. 그러기에 인간은 오늘날도 여전히 불안에서 벗어나기 위해 종교를 찾고 있다. 현재도 덴마크나 스웨덴 사람들의 일상에는 루터교의 요소가 깊게 배어 있다. 교회에서 결혼식을 올리고, 아이를 낳으면 교회에서 세례를 받게 하고, 자식이 사춘기에 들면 견진성사를 받게 한다. 게다가 국교회의 재정을 위해 1년 수입의 1퍼센트를 교회세로 내기까지 한다. 그러기에 이들 국가에 종교가 없다고 말하기는 곤란한 듯하다. 그런데 주커먼에 따르면, 정작 스칸디나비아인들이 이런 일들을 하는 것은 단지 관습일 뿐 신앙에서 비롯한 것은 아니라고 말한다. 과연 그의 말을 액면 그대로 받아들일 수 있을까? 혹시 기독교에서 말하는 하느님을 믿지 않는다는 것이지 초월적 존재인 신의 존재를 믿고 있는 것은 아닐까?[3] 어떤 사람이 세상사를 주관하는 초월적 존재인 신이 있다고 믿는다고 하자. 그에게 믿음에 대한 증거를 보여달라고 요청한다면 그가 믿음의 증거로 대체 무엇을 보여줄 수 있을까? 그 의미를 정확히 알 수는 없지만 사회를 유지하는 데 필요하다고 생각하는 사회의 여러 관습과 제도를 따르면서 이웃 사람들과 낯선 이들에게 친절하고, 착하고 도덕적으로 사는 것 외에 달리 그가 제시할 수 있는 믿음의 증거가 있을까? 그렇다면 인터뷰에 응한 일부 덴마크 사람들의 말을 액면 그대로 받아들여 그들에게는 어떤 초월적 존재에 대한 믿음도 없다고 단언하는 것은 성급한 판단이 아닐까? 실제로 주커먼이 인터뷰한 사람들 중 일부는 기독교의 신은 아니지만 초월적 존재가 있다는 믿음을 고백하고 있다.[4]

모든 종교는 한결같이 구원을 이야기하며, 구원을 약속한다. 그런데 종교에서 약속하는 구원이 무엇이냐에 따라 종교는 건강하고 부유하고 선한 사회를 위해 필요한 것이 아닐 수도 있다. 사람들이 종교에 대해 바라는 일차적 구원은 미래의 불확실함에 대한 불안으로부터의 구원이다. 그러다 보니 사람들은 불확실한 미래가 주는 불안을 덜기 위해 건강, 부, 안전을 추구하는 기복

성과 속

신앙에 빠져들게 된다. 문제는 이런 기복 신앙에 머물 때 종교는 불가피하게 과학이 발달하고 시민사회가 발전함에 따라 점차 그 입지가 축소될 수밖에 없다. 다시 말해 그들에게 빵을 주고, 건강과 안전을 책임져주는 국가가 그들의 신이 될 수 있고, 종교가 될 수 있다. 폴 틸리히에 따르면, 사람의 마음을 사로잡고 그것에 의해 움직이게 하는 것은 그것을 무엇이라 부르든 그에게 있어 그것은 신이며 종교가 된다고 말한다.[5] 과학이든, 정치든, 문화든 그 어떤 것이 되었든 그것이 궁극적 관심의 대상이 되어 다른 모든 것을 지배하고 복종시키려고 할 때 그것은 종교가 되는 것이다. 바로 이런 관점에서 볼 때 최첨단 과학 문명과 선진화된 정치 시스템을 갖춘 스칸디나비아 국가에 사는 사람들의 경우 국가, 과학, 문화가 바로 그들의 종교가 되었다고 해야 할 것이다.[6]

그런데 문제는 이 새로운 종교가 주술적 종교의 범주를 벗어나지 못한다는 점이다. 그들의 종교는 『아라비안나이트』에 나오는 램프의 요정처럼 이 땅에서 살아가는 데 필요한 것들을 채워주지만 인생의 참된 의미와 가치가 무엇인지에 대해서는 답을 주지 않으며 심지어는 이런 것들에 대해 관심조차 갖지 못하게 만들기 때문이다. 주커먼이 전하는 바에 따르면, 스칸디나비아의 시민들은 삶의 궁극적 의미(목적)란 그저 개인이 만들어가는 것이거나 또는 별다른 의미가 없다고 말한다. 과연 이들의 말처럼 삶의 궁극적 의미란 없으며 단지 자신이 원하는 삶을 사는 것만으로 의미 있고 가치 있는 삶이 될 수 있을까? 이 질문에 대해 주커먼은 삶의 궁극적 의미에 무관심해도 얼마든지 의미 있는 삶을 살 수 있다고 말한다. 그 근거로 주커먼은 스칸디나비아 시민들이 1인당 평균 3.5개나 되는 자원봉사 단체에 소속되어 있으며, 노동연령의 성인 중 3분의 1은 정기적으로 자원봉사에 참여하고 있다는 점을 꼽는다.[7] 그렇다면 주커먼의 주장처럼 과연 이들의 삶이 의미 있고 가치 있는 것일까?

누구보다도 삶의 궁극적 의미의 중요성을 강조했던 소크라테스는 일찍이 자신에게 죽음을 피해 탈옥할 것을 권유하는 사람들에게 "캐묻지 않는 삶은 살 가치가 없다"고 말했다.[8] 이 말은 자신의 삶에 대해 반성적인 성찰을 하지 않는 삶은 살 가치가 없다는 뜻으로서 습관에 의해 고착된 사고와 관습 그리고 행위의 기준을 생각 없이 무조건적으로 따라 사는 것은 의미 있고 가치 있는 삶일 수 없다는 것이다. 스칸디나비아 사람들의 봉사 활동이 그저 그들의 문화와 관습에 따른 행동이라면 과연 그들의 삶을 의미 있는 삶이라고 말할 수 있을까? 자신의 삶의 모습을 돌아보며 자신의 삶에 궁극적 의미와 가치를 찾는 반성적 성찰은 『구약성서』의 「욥기」에서 볼 수 있듯이 인생을 살아가면서 겪게 되는 삶의 고난과 역경 즉 삶의 부조리에 의해 촉발된다. 그러니

성과 속

태어나 살면서 이렇다 할 고난을 겪어본 적이 없을 뿐 아니라 최첨단 과학 문명과 온갖 복지의 혜택을 누리며 사는 대다수 스칸디나비아 사람들이 삶의 궁극적 의미에 대해 진지한 관심과 깊은 성찰이 없는 것은 당연한 일이다.

2 주술적 종교와 실존적 종교

대부분은 이승에서의 건강, 장수, 부, 명예, 안전을 추구하는 기복적 차원에서 종교에 입문하지만 점차 영적인 가르침을 받게 되면서 주술적 종교를 넘어 실존적 종교로 나아가게 된다. 그런 까닭에 현세에서의 복을 약속하는 종교의 기복성은 아이들에게 쓴 약을 먹이기 위해 약에 탄 꿀인 것이다. 예를 들어, 기독교에서 현세적 복을 약속하며 생에의 의지를 불태우는 구약舊約의 종교는 인간 삶의 참된 의미가 소유가 아닌 존재 즉 실존에 있음을 선포하는 신약新約의 종교라는 쓴 약을 먹이기 위한 일종의 꿀인 것이다. 불교의 경우도 이와 다르지 않다. 대승불교에서 볼 수 있는 부처의 화신인 관세음보살, 문수보살, 보현보살, 지장보살은 중생들이 제액초복除厄招福을 기원하며 기도를 드리는 대상이 되

성과 속

는 신적 존재들인데 이는 불교의 기본 원리인 "모든 중생은 불성을 지니고 있다"는 일체중생一切衆生 실유불성悉有佛性의 불성론佛性論에 어긋나는 것이다. 그러나 이런 기복적 요소는 사성제四聖諦[9]의 진리를 깨닫고 팔정도八正道[10]를 실천함으로써 열반涅槃[11]에 이르는 것을 참된 구원으로 보는 불교의 구원관에서 볼 때 중생을 불교로 인도하기 위해 필요한 이른바 꿀과 같은 것이라 할 수 있다. 이런 견해를 뒷받침하는 구절이 대승불교의 핵심 경전 중 하나인 『묘법연화경妙法蓮華經』에 나온다.

사리푸트라부처의 제자야 들거라. 옛날 어느 곳에 큰 부자가 살고 있었다 하자. 그의 집은 넓고 컸다. 그러나 문은 하나인데 식구는 500명이나 되었다. 방들은 죄다 허물어지고 벽은 무너지고 지붕마저 곧 내려앉을 것만 같은 위험한 집이었다. 그런데 돌연 이 집에 불이 나서 집 전체가 불길에 휩싸였다. 집 안에는 50명 가까운 어린아이들이 있었다. 이 집 어른이 깜짝 놀라 혼자 이렇게 생각했다. 나 혼자 몸이야 어떻게 해서든 불난 집에서 벗어나 대문 밖으로 피할 수 있지만 위험이 닥치는 줄도 모르고 천진난만하게 노는 데 정신이 팔려 있는 저 아이들은 어떡하지. 불길이 곧 닥쳐오면 크게 화를 입게 되리라는 것을 알지 못하고 아무런 걱정도 없이 도망칠 생각조차 안 하니 이 일을 어떡하지. 이때 그는 이런 생각을 하였다.

성聖의 관점에서 바라본 종교의 기복성

종교를 성이 아닌 속의 관점에서 이해할 경우 종교는 삶의 의미와 가치의 문제가
아니라 단순히 현재적 삶을 이어가는 데 필요한 욕구 충족의 도구로 이해되며, 그
때 종교는 인간의 무지와 탐욕에 뿌리를 두고 사람들을 현혹하는 주술적 종교, 즉
미신으로 간주된다. 종교를 속의 관점에서 바라보는 한 오늘날 고등 종교로 간주
되고 있는 기독교, 불교, 이슬람교조차도 그 안에 기복성이 있다는 점에서 한낱 미
신으로 폄하될 수 있는 것이다. 진맹조(秦孟雕), 〈화택삼거(火宅三車)〉『묘법연화경』
판화 부분, 13세기 초).

이 집에는 나가는 문이 하나밖에 없다. 그것도 아주 좁고 작은 문이다. 어린아이들이 저렇게 놀이에 정신이 팔려 있다가 타 죽으면 안 되니 지금 곧 나오지 않으면 타 죽는다고 알려주어야겠다는 생각에 "모두들 곧 나가야 해"라고 소리치려 했다. 그러나 아이들이 그의 말을 귀담아 들을 것 같지 않았다. 그래서 그는 임기응변의 꾀를 써서 애들 귀에 쏙 들어갈 만한 말을 할 수밖에 없다고 생각했다. "애들아 너희들이 좋아하는 값비싼 장난감이 있어. 어서 나와, 밖으로 나오지 않으면 안 줄거다. 장난감을 실은 여러 수레가 밖에 있으니 그것을 못 얻으면 섭섭하지 않겠니. 나와 같이 나가는 애들에게는 원하는 것은 무엇이든 주마." 그랬더니 어린아이들이 장난감이란 말에 귀가 번쩍 뜨여 앞을 다투어 문 밖으로 뛰어 나왔다. 어린아이들이 무사히 집 밖으로 나오는 것을 보고 나서 아버지 되는 어른은 한없이 기뻐 길에 주저앉았다. 그러자 어린아이들이 아버지에게 달려들어 장난감을 달라고 졸라댔다. "아버지, 약속한 장난감을 주세요." 그러자 아버지는 천하의 거부였기에 약속대로 어린 것들에게 여러 가지 물건을 나누어주었다. 듣거라. 그대의 의견은 어떤가? 그 아버지는 자식들을 속였다고 생각하는가? "아닙니다." 사리푸트라는 대답했다. "자식이 불에 타죽는 것을 구해내기 위해서 한 말이기에 거짓말을 했다고는 볼 수 없습니다. 불난 집에서 어린 생명을 구해내기 위해서 사용한 방법 아닙니까? 게다가 나중에 그 아버지는 자기의 소유인 많은 재산을 자식들에게 공평하게 선물하지 않았습니까?" "옳은 말이다." 붓다께서 사리푸트라를 보며 말씀하셨다. "무한한 자비심과 지혜로써 중생을 제도하는 여래如來가 바로 이와 같다."[12]

요컨대, 대승불교의 기복 신앙적인 면은 바로 무지하고 어리석은 대중들을 참된 구원으로 인도하기 위해 마련한 달콤한 꿀과 같은 것이다. 그런데 정작 사람들은 참된 구원에는 관심이 없고 달콤한 꿀에만 정신이 팔려 있는 것이며, 종교를 비판하는 사람들 역시 이 꿀만 보고 종교의 해악성을 비판하는 것이다. 엘리아데에 따르면, 오늘날 우리가 미신으로 간주하는 야만적인 고대 원시종교에도 기복성 외에 인간의 참된 구원을 지향하는 종교성이 담겨 있다.

엘리아데는 『성과 속』에서 비록 원시적인 고대 종교라 할지라도 그들의 제의에는 단순히 병이나 자연적 혹은 사회적 재난에서 벗어나려는 일차적 의미의 구원을 넘어 영겁회귀로부터 오는 삶의 무의미와 죽음에서 벗어나려는 실존적 구원에 대한 소망이 담겨 있다고 말한다. 따라서 종교란 기본적으로 인간이 역사의 흐름 가운데서 형성해온 두 가지 생존 양식인 성聖과 속俗 중에서 성에 속하는 삶의 양식이라는 것이다.[13] 인간이 성이라는 삶

67

의 양식에 머물고 있는 한 종교는 고대 종교에서 흔히 볼 수 있는 것처럼 종종 잔인성과 야만성을 보이고 때로는 광기와 파렴치한 범죄에 빠질 수도 있지만 이는 이성이 발달하고 합리성이 증대됨으로써 해결될 문제이지 종교의 본질과 연관된 문제는 아닌 것이다.

더 본질적이며 중요한 종교의 문제는 인류가 종교를 성 대신 속이라는 삶의 양식으로 이해할 때 발생한다. 종교를 성이 아닌 속의 관점에서 이해할 경우 종교는 삶의 의미와 가치의 문제가 아니라 단순히 현세적 삶을 이어가는 데 필요한 일종의 욕구 충족의 도구로 이해되며, 그때 종교는 인간의 무지와 탐욕에 뿌리를 두고 사람들을 현혹하는 주술적 종교즉 미신로 간주된다. 근래에 들어 우리의 무속신앙이 종교성은 외면되고 기복성만이 강조되어 미신으로 배척되어온 까닭은 이처럼 우리가 무속을 성의 관점이 아닌 속의 관점에서 바라보았기 때문이다. 종교를 이처럼 속의 관점에서 바라보는 한 오늘날 고등 종교로 간주되고 있는 기독교, 불교, 이슬람교조차도 그 안에 기복성이 있다는 점에서 한낱 미신으로 폄하될 수 있는 것이다. 주커먼이 인터뷰한 스칸디나비아 사람들 역시 종교를 속의 관점에서 바라보았기에 그들의 선조들이 믿어왔던 기독교를 한낱 미신으로 간주하며 종교의 무용성을 이야기하고 있는 것이다.

3

종교 없는 신

1 　뮈토스와 로고스의 갈등

엘리아데가 말하는 인간의 두 가지 생존 방식인 성과 속은 앞
서 언급한 그리스인들의 두 가지 사유 방식인 뮈토스와 로고스
에 해당하는 것이다. 즉 이성을 통해 자연을 이해하고 지배하려
는 로고스적 사고는 속에 해당하며, 삶에 의미와 가치를 부여하
는 서사적 상상력인 뮈토스적 사고는 성에 해당하는 것이다. 초
대 교회 이후 기독교 신앙이 본격적으로 자리 잡기 시작하는 중
세 초기 교부철학 시대부터 교회는 자신들의 신앙을 이교도로부
터 지키기 위해 신비적인 내용의 교리예를 들어, 부활, 삼위일체, 성모승천와
교리들 간의 모순예를 들어, 신의 지성과 의지의 충돌을 해명하기 위해 신학
에 집착하게 된다. 그러나 중세 초 교부철학자들은 로고스에 대
한 뮈토스의 우선성을 주장하면서 뮈토스에 대한 로고스의 침투

를 제한적으로 수용한 데 반해 점차 후기로 넘어오면서 로고스의 침투를 본격적으로 수용하게 된다. 그로 인해 중세 초기 신앙의 빛 아래서만 진리에 다다를 수 있다고 보았던 인간의 자연적 인식능력인 이성이 후기에 이르러서는 신앙의 빛 없이도 독자적으로 계시적 진리에 도달할 수 있음을 주장하기에 이르며, 이성을 통해 해명되지 않는 계시적 진리를 배척하기에 이른다.

그러나 종교란 본래 뮈토스의 신비에 기초해 경건한 삶을 이끌어내는 것이다. 그런데 그 신비가 이성에 의해 해명될 수 있다면 그로부터는 더 이상 인간의 경외심을 이끌어낼 수 없는 것이다. 그러므로 뮈토스의 신비를 이성에 의해 합리적으로 해명하는 것은 신비를 해체하는 것이며 이는 경건의 토대를 와해시키는 것이 된다. 중세 후기 성직자들은 스콜라 철학즉 로고스적 사유을 통해 뮈토스신앙의 신비를 해체하는 작업에 몰두함으로써 경건한 삶을 가능하게 해주는 영성을 상실했으며 그 결과 누구보다 먼저 영성을 상실한 타락한 성직자들은 경건한 삶을 이끄는 데 도움을 주는 신조와 교리, 그리고 의례를 주술적 도구로 사용해 무지한 대중들을 갈취하였다. 중세 후기와 르네상스기 초기에 절정에 이른 가톨릭교회의 타락은 바로 뮈토스의 영역에 대한 로고스의 침투 즉 이성의 월권이 빚어낸 참상이었던 것이다.

1) 종교개혁

르네상스기에 일어난 종교개혁은 가톨릭교회의 타락에 맞서 일어난 신앙회복운동으로서 그 본질은 로고스의 침투를 경계하는 것이었다. 루터, 칼뱅Jean Calvin, 1509~1564과 더불어 3대 종교개혁자로 불리는 츠빙글리Huldrych Zwingli, 1484~1531는 1525년에 『참된 그리고 거짓된 신앙에 관한 주해서De Vera et Falsa Religione Commentarius』라는 책을 출판했는데, 이 책의 제목에 나오는 'religion'이라는 말은 오늘날 우리가 생각하는 '교리와 의례의 체계'로서의 종교가 아니라 단순히 '신앙' 또는 '경건'을 의미하는 것이었다.[1] 따라서 이 책은 그리스도교가 참된 종교임을 주장하려는 것이 아니라 그리스도인이 어떻게 해야 참된 신앙 또는 경건에 이르게 되는가를 논하고 있다. 이 책에서 츠빙글리는 참된 신앙이란 사랑의 모습으로 우리에게 다가오는 하느님을 신뢰하는 것이고, 거짓 신앙이란 하느님 외에 다른 것예를 들어, 교황이나 공의회 또는 교회의 의식을 신뢰하는 것이라 말하고 있다.

칼뱅 역시 『그리스도교 강요Christianae Religionis Institutio』에서 그리스도교적 신앙 즉 경건성의 본질이 무엇인지를 논의하고 있다. 칼뱅은 여기서 교리의 체계, 교회의 의례와 관습, 성서 등이 신앙의 본질이 아니며, 이들의 효용성은 어디까지나 개개인이 인격적으로 그리고 역동적으로 하느님과의 만남이 이루어질 수 있도

종교 없는 신

록, 다시 말해, 체험적 신앙을 가질 수 있도록 도와주는 데 있을 뿐이라고 주장한다. 이처럼 초대 종교개혁자들은 종교를 오늘날과 같이 교리나 의례의 체계가 아닌 신앙이나 경건으로 인식하고 있었다. 그런데 시간이 가면서 종교개혁은 점차 개혁자들의 처음 의도와는 다른 방향으로 흘러갔다.

종교개혁자들이 처음에 강조한 '오직 믿음으로Sola Fide'는 그리스도교의 오랜 전승을 무시한 '오직 성서만으로Sola Scriptura'로 이어졌고, 이것은 성서에 대한 임의적 해석의 가능성을 열어놓음으로써 가톨릭과 프로테스탄티즘 그리고 프로테스탄티즘 분파 간의 갈등과 대립으로 이어져 마침내 전쟁으로 비화되었다. 그 결과 점차 사람들에게 중요한 질문은 경건에 초점이 맞추어진 '어떻게 믿는가?'가 아닌 교리에 초점이 맞추어진 '무엇을 믿는가?'가 되었다. 본인의 경우에는 여전히 내적 경건과 헌신commitment이 중요했지만 타인의 경우에는 그가 믿는 교리와 신조 그리고 의례가 무엇인지가 더 중요했기 때문이다.[2]

게다가 종교개혁자들은 가톨릭에 맞서기 위해 그리고 수없이 분리되는 신교의 종파들 간에 벌어지는 이단 논쟁을 위해 성서에 기초한 교리 체계를 세워야 했고, 이로 인해 이들은 종교적 진리가 논리성과 체계성을 지닌 객관적이며 보편적인 진리임을 주장하기에 이르렀다. 이렇게 해서 처음에는 직접적이고 개인적인 신앙과는 거리가 먼 사변적 담론에 함몰되어 있던 스콜라 신학의 주지주의intellectualism에 대한 반감에서 시작된 종교개혁은 점차 그것이 거부했던 스콜라 신학의 주지주의적 논의를 닮아가게 되었다.

이제 종교적 진리는 이성에 의해 합리적으로 해명되어야 했고, 그것은 모든 사람이 받아들여야만 하는 객관적이며 보편적인 진리가 되어야 했다. 따라서 종교개혁 이후, 종교religion라는 말은 그 원래 의미인 '경건'의 의미를 떠나 일종의 교리나 의례의 체계를 뜻하는 것으로 변질되었다. 결국 종교개혁은 과거 신앙 또는 경건을 의미하던 '종교'라는 말이 그 본래의 의미를 상실하고 교리와 의례의 체계로 이해되어 종교 간 분쟁을 교리에 대한 진위 논쟁으로 몰고 가는 계기를 제공하였다. 참과 거짓의 문제가 된 종교 간의 차이는 단순한 차별과 대립을 넘어 사활을 건 종교적 분쟁으로 치닫게 되었으며, 이 종교적 분란은 16세기 후반에서 17세기 전반까지 대략 1세기 동안 전 유럽을 참혹한 전쟁터로 만들어놓았다. 이처럼 종교개혁은 그 출발이 뮈토스의 영역에 대한 로고스의 침투를 경계하고 뮈토스의 영역을 고수하고자 한 시도였지만 그 처음 의도와는 달리 오히려 로고스의 확산을 가속화하는 계기를 마련하였던 것이다.

종교 없는 신

2) 과학혁명

르네상스기 종교개혁 외에 로고스에 의한 뮈토스의 해체를 특징으로 하는 근대 계몽주의의 길을 연 또 하나의 주목할 만한 움직임은 천문학이 선도한 과학혁명이다. 호이카스Reijer Hooykaas, 1906~1994에 따르면, 중세에는 자연을 목적론적인 체계로 보는 그리스적인 자연관과 「창세기」에 기술된 것과 같이 자연을 인간에 의해 지배되어야 하는 대상으로 보는 성서적 자연관이 서로 기묘한 타협과 공존을 이루고 있었다. 성서적 자연관에 따르면, 자연은 신, 영혼, 세계로 이루어지는 존재론적 위계질서의 가장 아래 부분을 차지하는 것으로서 신에 의해 창조된 단순한 피조물에 불과한 것이었다.[3] 그러나 르네상스 자연과학은 이러한 자연관에 근본적인 변화를 가져왔는데 이러한 변화는 자연을 성서와 마찬가지로 신의 뜻을 보여주는 제2의 성서라고 생각한 르네상스기의 자연과학자들에 의해 시작되었다. 르네상스 자연과학 혁명의 정점에 서 있던 갈릴레이Galileo Galilei, 1564~1642는 「대공녀 크리스티나에게 보낸 편지」에서 계시와 신앙에 의해서가 아니라 이성과 경험에 의해 과학적 탐구를 해야 한다고 주장하기 위해 중세적 시각과는 매우 상이한 새로운 자연관을 피력하였다.

자연의 문제를 논함에 있어서 우리는 성서의 권위가 아니라 감각의 경험이나 필연적 논증에서 시작하지 않으면 안 된다고 생각합니다. 왜냐하면 성서와 자연은 다 같이 신의 말씀에서 유래했기 때문입니다. …… 자연은 철저하게 불변적인 것이어서 자기에게 부과된 법칙의 한계를 절대로 넘어서지 않습니다. …… 신은 성서 속의 구절에 못지않게 자연의 현상 가운데서 놀라우리만큼 스스로를 드러내고 있습니다. …… 감각적 경험을 통해 드러나거나 또는 필연적 논증에 의해 입증된 자연적 현상을 그것과는 상이한 뜻을 지닌 듯한 성서의 구절을 근거로 하여 결코 의문시해서는 안 되고 또한 비난해서도 안 됩니다.[4]

신은 성서뿐 아니라 자연을 통해서도 자신을 드러낸다는 갈릴레이의 주장은 자연이 이제 단순한 피조물 이상의 것으로서 신의 본질에 참여하는 존재라는 것이다. 이는 자연 속에 신의 활동력이 스며 있다는 것이다. 자연은 이제 단순한 피조물로서 그것을 존재하게 한 신에 대립해 있는 것이 아니라 스스로 형성하고 전개하는 내적 운동 원리로서의 신을 담고 있는 존재인 것이다. 그러기에 스피노자는 종래 피조물의 영역에 속했던 소산적所産的 자연natura naturata을 창조 행위의 영역인 능산적能産的 자연natura naturans과 더불어 신의 영역으로 끌어들였다.[5]

그런데 자연 속에 담긴 신적 진리는 일상적 언어가 아닌 수학적 언어를 통해서만 표현될 수 있는 것이었다. 케플러_{Johannes Kepler, 1571~1630}에 따르면, 기하학은 신의 언어였으며, 창조 이전부터 신과 함께 존재해온 또 하나의 말씀인 것이다. 따라서 기하학을 연구하는 것은 자연에 담긴 신의 뜻을 연구하는 것이었고, 자연현상에 내재되어 있는 수학의 원리를 연구하는 것은 곧 신과 교감을 나누는 것이었기에 과학적 탐구는 곧 종교적 행위였다.[6] 자연의 탐구에 관한 한 이성과 경험을 따라야 한다는 르네상스기 과학혁명은 일견 종교적 에토스를 지니고 있는 듯 보이지만 과거 뮈토스의 영역이던 천문의 세계가 이성의 영역에 들어왔다는 사실은 뮈토스 영역에 대한 명백한 로고스의 침범이었고, 이는 뮈토스의 쇠락을 가져올 트로이의 목마였던 것이다.

종교의 미래

2 로고스에 의한 뮈토스의 해체
'종교 없는 신'

1) 과학에 의한 종교

1618년에 시작해 1648년 베스트팔렌 조약으로 마침내 끝이 난 30년 전쟁Thirty Years' War은 유럽 인구의 35퍼센트를 감소시켰다. 그러기에 당시의 지식인들에게 종교적 분쟁의 종식은 그들이 고심하던 화두였다. 30년 전쟁에 용병으로 참전했던 데카르트Rene Descartes, 1596~1650 역시 누구보다도 종교적 분쟁의 심각성을 절감했고 그 해결 방법을 고민한 사람이었다. 그는 유럽을 전쟁의 소용돌이로 몰고 간 직접적 원인이 되었던 종교적 불관용이 전승과 계시에 기초한 불합리한 신의 개념에서 비롯되었다고 생각했고 따라서 그것을 모든 사람이 보편적으로 수용할 수 있는 합리적 신으로 대체하고자 하였다. 모든 사람이 동의할 수 있는 보편적이고 객관적인 학문인 수학을 '신의 언어'라고 보았던 케플러나 갈릴레이와 같은 르네상스 자연과학자들의 정신을 계승한 데카르트는 수학적 방법을 원용한 방법적 회의라는 독창적인 방법을 통해 마침내 모든 사람이 보편적으로 수용할 수 있는 합리적 신을 찾았다. 데카르트의 『방법서설』 5부에 따르면, 신은 물질과 운동 그리고 관성의 법칙을 포함한 자연법칙을 창조하고 그 법칙에 의해 우주를 운행시키는 존재이다. 요컨대, 데카르트에게 신이란 외부 세계의 존재에 대해 확신을 가질 수 있는 유일한 근거이자 외부 세계의 규칙적 운행을 설명하는 궁극적 원리였던 것이다. 데카르트가 이처럼 신을 과학의 토대로 정초하고자 했던 것은 과학을 가능하게 하는 이성적 합리성만이 종교적 분란을 종식시키고 이 땅에 지속 가능한 평화를 가져올 것이라 믿었기 때문이다. 데카르트의 이런 노력을 계승한 인물이 바로 뉴턴 Isaac Newton, 1642~1727이다.

뉴턴은 데카르트의 물리학, 케플러의 행성법칙, 갈릴레이의 운동법칙 등 당시의 최고 학문들을 하나의 이론으로 통합한 위대한 과학자로서 그의 만유인력 이론은 우주의 현상을 통합적으로 설명해주는 포괄적인 이론이었다. 그러나 그의 인력 이론은 태양계의 운행을 설명할 수는 있으나 생성을 설명할 수는 없다는 데 문제가 있었다. 다시 말해, 뉴턴은 17세기 다른 과학자들처럼 물질은 죽은 것이라 외부의 힘이 작용하지 않는 한 작동할 수 없다고 보았기에 이 세계를 운행하게 하는 최초의 원인또는 운동자으로서 신이 필요했다. 뉴턴을 포함해 당시의 과학자들에게 신의 존재란 세상의 기원을 설명하는 유일하며, 가장 설득력 있는 과학적 설명이었던 것이다. 뉴턴은 인력을 단순한 자연의 힘이 아닌 신의 활동으로 규정했는데 그에게 과학은 신성을 제대로 이해하는 유일한 수단이었다. 그러므로 신을 알려면 자연에 의존할 수밖에 없었고, 그 결과 그에게 자연에 대한 탐구는 신을 이해하는 종교적 행위였다. 자연의 섭리니 자연의 힘이니 하는 것들은 원래 존재하지 않으며 실상 이들은 규칙적이고 지속적이고 균일한 방식으로 확실한 결과를 야기하는 신의 뜻이라는 것이 뉴턴의 견해였다.[7] 따라서 뉴턴에게 과학은 그 자체가 종교였다. 그에게 과학적 종교는 30년 전쟁이라는 종교적 재앙 이후 종교적 분란을 극복하고 서구 문명을 이어갈 수 있게 해주는 가장 효과적인 방식이었던 것이다. 뉴턴의 과학적 종교를 자연신학적인 관점에서 대변하고 나선 인물이 바로 새뮤얼 클라크다.

새뮤얼 클라크Samuel Clarke, 1675~1729는 역학에서 위대한 업적을 남긴 뉴턴처럼 그리스도교의 뉴턴이 되고자 했던 인물이었다. 그는 뉴턴이 말한 것처럼 우리가 신에 대해 알아야 할 모든 것을 자연이 말해준다고 생각했다. 따라서 그는 자연에 대한 경험과

종교 없는 신

관찰에서 시작되는 자연신학적 논변을 사용하여 신의 존재와 속성을 논증하고자 하였다. 그러나 그가 논증하고자 한 신은 자연신학적 논변이 논증하고자 한 신$_{deity}$이 아니었다. 그가 믿은 신은 중세 때부터 내려오는 그리스도교의 신으로서 영원한 존재이며, 이 세상에서 유일하게 불변하는 독립적인 존재이고, 세상의 그 어떤 물질적 존재들과도 구별되며, 어느 곳에서나 존재하며, 지적이며 자유를 지닌 존재로서 전지, 전능, 전선한 존재이지 한 걸음 더 나아가 인간 개개인에 관심을 갖고 있으며 때로는 인간사에 개입하는 그런 인격적인 신$_{God}$이었다.

클라크는 이신론자$_{理神論者, deist}$를 네 가지 유형으로 구분했는데 첫째는 세상을 창조했지만 통치하지 않는 최고 존재를 믿는 이신론자, 둘째는 모든 것을 섭리하는 신을 믿는 이신론자, 셋째는 신이 도덕적 속성을 지니고 있지만 그것이 내세에서의 보상과 징벌을 입증한다고 보지 않는 이신론자, 넷째는 신에 관해 정당하고 올바른 개념을 갖고 있고 또한 모든 점에서 온갖 신적인 속성에 관한 개념을 갖고 있지만 어떠한 초자연적 계시도 수용하지 않는 이신론자였다. 클라크가 유일하게 참된 이신론자로 분류한 것은 마지막 이신론자이다.[8] 17세기 철학자 대부분은 클라크가 참된 이신론자로 지적한 네 번째 부류의 이신론자인데 이들이 이 같은 이신론을 선택한 까닭은 신앙적으로는 전승을 통

82

종교의 미래

해 이어져오는 그리스도교적 신관을 수용하면서도, 학문적으로는 신의 초자연적 개입을 허용하지 않는 뉴턴의 자연관 즉 기계적 자연관을 수용하기 위함이었던 것이다.

로크는 클라크가 말한 이신론자들 중 네 번째 부류에 속하는 참된 이신론자로 분류될 수 있는 인물이었다. 그는 18세기 영국 이신론자들에게 지대한 영향을 주었으면서도 이들과는 달리 자연종교인 이신론이 아닌 계시종교의 유신론 즉 그리스도교를 옹호하였다. 그는 천사의 존재나 타락, 죽은 자의 부활과 같이 이성을 통해 알 수 없는 사실 그리고 예배의 올바른 방식이나 신의 속성, 도덕적 계율과 구원의 문제 등과 같이 이성을 통해 어느 정도 알 수 있으나 확실하지 않은 사실들에 대해서는 계시와 신앙의 개입을 허용하였다. 그러나 그는 "이성의 빛이 닿지 않는 곳에서는 신앙이 우리를 도와줄 수 있지만 우리의 지식이 닿는 곳에서는 신앙은 지식에 간섭하거나 그것과 충돌할 수 없다"[9]고 말함으로써 계시와 신앙의 한계를 명확히 그었다. 이는 이성을 초월하는beyond reason 것과 이성에 어긋나는against reason 것을 구분하여 이성에 어긋나는 것은 신이 우리에게 직접 부여한 인식의 모든 원칙과 토대를 파기한다는 점에서 수용할 수 없으나 이성을 초월하는 것 즉 참된 계시는 수용되어야 한다는 것이다. 로크의 이와 같은 주장은 "은총계시은 자연이성을 파괴하지 않고 오히려 그것을 완성한다"[10]는 아퀴나스의 중세적 믿음을 계승하고 있는 것이었다. 그러나 로크는 아퀴나스가 이성을 초월한 교리로 본 삼위일체, 성육신, 원죄와 같은 그리스도교의 핵심 교리들을 이성에 어긋난다는 이유에서 계시적 진리로 수용하지 않았다. 로크가 이처럼 그리스도교의 초자연적인 계시적 진리들에 대해 부정적인 입장을 취했던 것은 도덕철학의 뉴턴이 되기 위해 인간 본성에 관한 원리를 탐구해보니 인간이라는 존재는 자신이 이해할 수 없는 것에 대해서는 결코 참된 동의를 하지 않는 존재라는 것을 알게 되었기 때문이다.[11] 다시 말해, 로크는 그의 인간 본성에 대한 탐구 즉 인간학science of human nature의 결과를 신앙의 문제에 그대로 적용했던 것이다. 로크의 생각에 따르면, 종교 문제에서 과거 흔히 그랬던 것처럼 이성의 동의 없이 신비적 계시를 일방적으로 신자들에게 강요하는 경우 그들에게서 참된 동의나 확신을 이끌어낼 수 없으며 결국 그것은 그들의 구원과는 무관한 것이 되고 만다.

다른 사람의 견해가 참되고 건전한 것이라 할지라도 내가 마음으로 철저히 승복하지 못한다면 그것을 쉽게 따르지 못할 것이다. 내가 양심의 명령에 반해서 행한 모든 것은 그것이 무엇이 되었든 결코 나를 복된 것으로 인도하지 못할 것이다. 나는 내가 좋아하지 않는 방식으로 부자가 될 수 있고 또한 내가 신뢰할 수 없는 치료 방식으로 질병에서 나을 수도 있다. 그러나 내가 싫어하는 종교, 내가 혐오하는 경배의 방식으로는 구원을 받을 수가 없다. 따라서 불신자로 하여금 타인의 신앙고백을 겉으로 믿는 것처럼 보이게 만드는 것은 쓸모없는 짓이다. 오직 신앙과 내면의 진실성만이 신을 받아들일 수 있는 것이다.[12]

그러므로 개개인의 영혼의 구원과 관련해 정부가 나서서 특정한 교리에 대한 종교적 신념이나 예배 형식을 강요할 경우 그것은 개인을 구원으로 인도할 수 없으며 심지어 구원을 가로막는 결과가 될 수 있다는 것이다.

그러나 로크가 그리스도교의 초자연적 계시를 이성에 어긋나는 것으로 배격했다고 해서 그가 이신론을 옹호하고 그리스도교를 전적으로 배격한 것은 아니었다. 그는 이신론에 대해 그것이 인간의 나약한 감각과 욕망 그리고 불안을 파고드는 광신이나 미신의 적수가 되지 못할 뿐 아니라[13] 고난과 어려움 속에서 선한 삶을 촉구할 만큼 강력한 동기를 유발할 수도 없다고 보았기에[14] 이신론을 참된 종교로 보지 않았다. 그는 『그리스도교의 합리성』에서 만약 신이 모든 사람을 구원하기로 작정했다면 아는 것이라고는 밭에서 쟁기나 보습을 다루는 것뿐인 무식한 농사꾼도 누구나 쉽게 이해하고 따를 수 있도록 구원에 대한 계시의 말씀 즉 복음은 쉽고 단순해야 할 것이라 주장하며,[15] 참된 그리스도교는 간결한 교리와 도덕적 실천만으로 이루어져야 한다고 보았다. 따라서 로크는 특정한 종교적 의례를 떠나 하느님께서 구원의 메시아인 예수를 통해서 보여준 구원과 영생의 가능성을 믿고, 죄를 회개하고, 회개에 합당한 행위를 실천할 때만이 구원을 받을 수 있다고 주장했다.[16]

데카르트나 뉴턴, 클라크, 로크 등 17세기 철학자들의 공통점은 종교로 인한 분열과 파괴를 직접 목격하면서도 그리스도교에 대한 신앙을 잃지 않았으며 오히려 과학의 경우에서처럼 이성의 합리성으로 종교의 문제종교의 대립과 불관용를 해결하고자 했다는 점이다. 그들은 종교가 타락한 원인을 계시에 대한 왜곡된 해석을 일삼은 성직자들의 탐욕에서 찾았고, 이들이 가르친 모순되고 왜곡된 종교적 교리를 과학에서 찾아볼 수 있는 이성적 합리성을 통해 바로잡고자 했던 것이다. 이 점에서 17세기 근대 철학자들은 과학에 의한 종교religion by science를 추구했다고 말할 수 있을 것이다.

이 과학에 의한 종교는 로크를 통해서 알 수 있듯이 이성을 초월하는 계시적 진리를 인정하고 있다는 점에서 로고스에 의해 해체되지 않은 뮈토스의 영역을 아직 간직하고 있었다. 그런 점에서 17세기의 과학에 의한 종교는 여전히 종교적 표상을 지니고 있었다. 그러나 18세기에 들어서면서 로고스에 의한 뮈토스의 해체는 더욱 확대되어 마침내 종교적 표상을 상실한 명목뿐인 종교가 나타나게 된다.

2) 과학을 위한 종교

16세기 과학혁명에서 시작되어 17세기 뉴턴의 역학에서 그 절정에 이른 과학자들의 노력 덕분에 인류는 그 어느 때보다 강력하게 자연에 대한 지배력을 행사할 수 있게 되었다. 인간의 수명은 더 길어졌고, 항해술의 발달은 신대륙의 발견과 더불어 중상주의의 확대를 가져오게 되었다. 따라서 유럽의 지식인들은 뉴턴의 우주관 즉 기계론적 세계관에 부합하는 새로운 형태의 유신론을 펴게 되었는데 바로 이것이 이신론이다.[17] 17세기 계몽주의자들처럼 18세기 계몽주의자들 역시 자연에 직접적으로 개입하여 우리의 이성적 능력으로는 도저히 이해할 수 없는 기적과 신비를 임의로 행하는 불합리한 신을 수용할 수 없었다. 그들은 자연뿐 아니라 종교, 사회, 경제를 비롯해 인간의 모든 정신 작용이 과학이 밝혀낸 규칙적이고 자연적인 과정들로 설명된다고 확신했다.[18] 그러나 그들이 확신했던 과학적 합리성이라는 이데올로기는 전적으로 신의 존재에 의존했다. 다시 말해, 자연을 창조하고 그것이 유지될 수 있게 하는 법칙을 자연에 부여한 신의 존재는 과학의 기본 가정이었기에 신은 신학에서뿐 아니라 과학에서도 절대적으로 필요한 존재였다. 볼테르의 말처럼 만일 신이 존재하지 않는다면 인간은 신을 발명해야 했을 것이다. 바로 이 점에서 18세기 이신론은 17세기 이신론과는 출발점이 달랐다. 좀더 구체적으로 말해서 18세기 이신론은 17세기 이신론이 그리스도교라는 계시종교에 대한 신앙에서 출발한 것과는 달리 과학의 전제가 되는 기계론적 세계관에 대한 믿음에서 출발해 그것을 지탱해주는 근거로서 요구되었던 것이다.

근대 자연종교의 개념은 허버트 경Edward Lord Herbert of Cherbury, 1583~1648에게서 시작되었다. 영국 이신론의 아버지인 허버트 경은 30년 전쟁에 종군했던 데카르트처럼 네덜란드 독립전쟁에 종군했다. 그는 데카르트처럼 종교적 분쟁을 종식시킬 수 있는 희망을 보편종교에서 찾았다. 그는 신이 지닌 최고의 속성은 자비이며 이는 인류의 구원이라는 신의 보편적 섭리로 나타난다고 생각했다. 따라서 인간을 사랑하기에 인간을 구원하기로 한 신은 기성 종교에서 주장하듯 교리나 의례를 구원의 조건으로 내세우지 않으며 단지 자연적 성사라 할 수 있는 죄에 대한 회개만을 요구할 뿐이라고 주장하였다. 따라서 그는 인간이 도덕적으로 올바른 삶을 산다면 유일자인 하느님으로부터 구원을 받을 수 있다는 지극히 평범한 믿음이야말로 사악한 사제들에 의해 왜곡되기 이전에 인류가 가졌던 순수한 자연종교의 모습이라고 생각했다.[19]

18세기 대표적 영국의 이신론자 틴달Matthew Tindal, 1656~1733은 바로 허버트 경이 주장한 자연종교의 이념을 수용하여 『창조만 큼 오래된 그리스도교』에서 신이 허락한 자연종교의 원리가 바로 그리스도교의 참된 원리라고 주장했다. 그가 이렇게 주장하는 것은 신은 완전자 즉 공평한 존재이기에 일종의 편애라 볼 수 있는 특정한 사람에게만 허락된 특별계시란 있을 수 없으며 경험과 이성을 지닌 인간이라면 누구나 알 수 있는 보편계시만이 있을 뿐이라 생각했기 때문이다. 그러므로 창조와 더불어 신이 인간에게 허락한 자연종교는 그 자체로 완벽한 것이며 현존하는 이 세상의 모든 기성 종교는 이 자연종교의 모사품에 불과한 것이라 생각했다.[20] 그러나 창조 이후 인간의 나약함으로 말미암아 자연종교에 섞여 들어온 미신적 요소를 제거하기 위해 신은 인간에게 성서라는 계시를 주었는데 이것이 성직자들의 탐욕으로 인해 미신을 제거하기는커녕 오히려 인간을 미혹하게 하는 미신과 광신의 원천이 되었다고 주장한다.[21] 틴달은 17세기 이신론자들과는 달리 그리스도교의 지평을 떠나 신은 이 세계를 창조한 이후 이 세계를 초자연적인 방식이 아닌 자연적 방식으로 관여하고 있다고 믿은 이른바 비판적 이신론자critical deist였던 것이다.[22] 이는 클라크가 분류한 첫 번째 부류의 이신론자에 해당하는 것으로서 이들은 신은 창조 시에 이 물질적인 세계에 자기보존력과 자기운동력을 부여하였기에 창조 이후에는 자연법칙을 깨뜨리는 일종의 위반기적을 통해 이 세계에 직접적으로 관여하지 않는다고 생각한다. 게다가 신은 물질의 경우처럼 인간의 영혼에도 자기보존력과 지기운동력을 부여해놓았는데 그것이 바로 양심이며 따라서 인간이 영혼에 각인된 양심에 따라 사는 삶이 곧 신의 의지에 따라 사는 종교적인 삶이 되는 것이다.[23] 이 같은 비판적 이신론은 다름 아닌 창조주인 신의 존재에 대한 믿음과 도덕적 실천을 유일한 종교적 실천으로 삼는 자연종교였기에 계시에 기초한 온갖 교리와 의례를 지닌 그리스도교와는 거리가 먼 것이었다.

18세기 이신론자들은 계시에 기초한 모든 교리와 의례를 독단으로 인식하고 종교의 독단으로부터 벗어난 자유로운 사고를 주장하면서도 과학적 방법에 따른 사고만을 진리에 이르는 길로 생각하는 또 다른 과학의 독선에 빠졌다. 그로 인해 이들은 철저한 기계론적 세계관에 사로잡혀 이 우주가 불변하는 자연법칙에 의해 지배된다고 봄으로써 신앙을 이성의 통제하에 두는 이른바 '이성의 한계 내에서의 종교'에 머무르게 되었다. 이제 이들에게 종교가 필요하다면 그것은 기계론적 세계관을 설명하기 위함이었고, 기계론적 세계관은 근대과학을 위한 기본 전제였다. 이런 까닭에 18세기 이신론자들이 추구한 종교 즉 자연종교는 과학을 위한 종교religion for science였다고 말할 수 있을 것이다.

3　'종교 없는 신'에 대한 거부

그러나 흥미롭게도 영국 경험론을 대표하는 세 명의 철학자인 로크, 버클리George Berkely, 1685~1753, 흄 모두 자연종교를 기성 종교를 대체할 수 있는 대안으로 보지 않았다. 특히 영국 이신론자들에게 추앙을 받았던 로크는 정작 허버트 경과는 달리 자연종교를 계시종교를 대체할 이상적인 종교 즉 참된 종교로 보지 않았다.

　로크가 자연종교를 수용하지 않은 데는 몇 가지 이유가 있었다. 첫째는 신의 존재에 대한 믿음과 유일한 종교적 실천으로 도덕적 실천만을 주장하는 이성의 종교로서의 자연종교가 대중들의 나약한 감각과 욕망, 부조리와 태만함 그리고 불안을 파고들어 악덕과 미신을 조장하는 기성 종교에 맞설 수 있는 적수가 되지 못한다고 생각했기 때문이다.

둘째, 자연종교는 고난과 역경 속에서도 힘겹게 선한 삶을 살고 있는 사람들에게 마음의 위로를 주고 그들에게 삶에 대한 의지를 북돋워줄 수 있는 신비적 요소가 없다는 점이다. 물론 허버트 경은 내세의 상벌을 이야기하고 있으나 그가 내세의 상벌을 주장하는 이유는 우리의 양심이 내세에 상벌이 있을 것임을 암묵적으로 가르쳐주고 있으며, 내세에서 상벌의 전제조건이 되는 인간의 불사성 역시 전능한 신이 원하기만 하면 그렇게 만들어줄 수 있기 때문이라는 이성적 판단에 따른 것이다. 한마디로 허버트 경이 내세에서의 상벌을 주장하는 까닭은 칸트I. Kant, 1724~1804가 그랬던 것처럼 이성적인 요청에 의한 것이었다. 그러나 인간이 삶의 고난과 질고를 이겨내고 삶에 대한 의욕을 불태울 수 있는 힘은 이같이 냉철한 이성적 추론으로부터 나오는 것이 아니라 종교의 신비적 요소에서 나오는 것임을 로크는 분명히 알고 있었다. 그러기에 로크는 예수가 구세주 메시아라고 선포하는 기독교의 계시적 교리를 끝까지 붙잡고 있었다.

셋째, 자연종교가 요구하는 유일한 종교적 실천은 도덕적 실천인데 이신론적인 신관만으로는 대중들에게서 도덕적 실천을 이끌어낼 수 없다는 점이다. 대중들을 도덕적으로 살게 하는 가장 효과적인 방법은 신으로부터 보냄을 받았다고 여겨지는 사람이 가시적인 권위를 갖고 그들의 의무를 이야기하고 그들에게 복종을 요구하는 것이다. 다시 말해, 종교가 대중들을 도덕적으로 살도록 유도하기 위한 가장 효과적인 방법은 기성 종교에서 사용하고 있는 방법 즉 계시와 교권에 의존하는 것이다. 바로 이 점을 잘 알고 있었기에 로크는 자연종교보다는 계시와 교권에 기초한 기성 종교를 수용하였다. 그러나 계시와 교권의 지나친 강조가 종교의 타락을 가져온다는 점 역시 잘 알고 있었던 로크는 복음의 단순성을 강조하는 한편 성만찬과 세례 이 두 가지를 제외한 모든 성사를 거부하였다. 바로 그 점에서 로크는 기성 종교와 자연종교 어느 편에서도 환영받지 못했다. 그렇지만 그는 양심의 자유가 주는 고통보다는 노예적 환희를 추구하는 대중들의 종교적 성향을 고려하여 기성 종교와 자연종교의 양 극단에서 나름대로 합리적인 중용을 모색한 가장 영국적인현실적인 철학자였다고 할 수 있다.

18세기 초 한창 유행처럼 번지던 영국 이신론이 18세기 중반을 넘어가면서 급격하게 쇠퇴하게 되는데 그 계기를 마련한 인물이 있다. 바로 헨리 도드웰Henry Dodwell, Jr., ?~1784이다. 그는 1742년 발간한 『논증에 기초하지 않은 기독교Christianity not founded on argument』에서 그간 종교의 합리성을 놓고 벌이던 기성 종교인과 영국 이신론자들 간의 논쟁과 관련해 종교란 이성의 영역에 속하는 것이 아니기에 애당초 종교의 합리성을 논하는 것 자체가 잘못된 것임을 지적하고 나섰다. 여기서 도드웰이 주장한 것은 다음과 같이 세 가지로 요약할 수 있다.

첫째는 이성과 종교의 본성을 고려할 때 신이 인간의 이성을 참된 신앙으로 인도하는 안내자로 생각했다고 볼 수 없다는 것이다. 왜냐하면 이성적인 신앙은 더 많은 증거를 요구하나 종교는 돈독한 신앙을 위해 기도를 가르치며, 이성이 계발되기 전의 유아에게 세례를 주는데 이는 이성에 배치되기 때문이다. 다시 말해 이성은 완벽한 증거가 나올 때까지 결정을 유보하지만 종교는 판단 중지를 혐오하고 선택을 요구한다. 이로 미루어 볼 때 신이 우리에게 합리적 논거에 기초한 이성적 신앙을 요구하고 있다고 볼 수 없다는 것이다. 실상 이성은 정념을 지배할 힘이 없으며 따라서 이성에 기초한 신앙은 정념이 이끄는 삶을 변화시킬 힘이 없다. 둘째, 성서를 보면 이성이 신앙 즉 올바른 종교에 이르는 길이라고 가르치지 않는다는 것이다. 오히려 성서는 지성의 이해보다는 가슴의 이해를 말하고 있다. 그리스도는 이성에 호소하지 않았고 오히려 권위에 근거해 이야기했다. 그리스도가 제자로 삼은 사도들은 이성적 추론을 통해 신앙에 도달하기에는 지적인 능력이 부족한 사람들이었다. 셋째, 성서에 따르면 신앙은 건전한 추리의 결과로 얻어지는 것이 아니라 오직 성령에 의해서만 생겨나는 것으로서 신의 선물인 것이다. 예수는

종교 없는 신

증거를 찾는 도마를 꾸짖었고, 보지 않고 믿는 자를 칭찬하였다.

요컨대 도드웰이 주장하고자 한 것은 신앙과 이성은 그 본성에 있어서나 실제에 있어서나 서로 상충한다는 것이다. 철학의 토대가 의문과 의심이라면 종교의 토대는 말 없는 순종과 믿음이다. 따라서 기독교를 옹호하기 위한 신학자들의 변신론은 의심을 떨쳐버리기보다는 오히려 더 많은 의혹을 부추기는 역효과를 가져왔고, 결국 논증과 추론을 통해 기독교를 옹호하고자 했던 신학자들의 시도는 잘못된 무기를 사용함으로써 오히려 종교를 쇠퇴시키는 결과를 가져왔다는 것이다. 도드웰은 다른 이신론자들과 달리 자연종교 또는 이성의 종교를 직접적으로 옹호하지 않았으며, 그렇다고 성직자를 비난하거나 성서를 공격하지도 않았고, 기적이나 계시 그리고 예언을 부인하려고 들지도 않았다. 이처럼 신비적인 관점에서 기독교를 옹호하는 듯한 그의 모습으로 인해 유신론자들은 도드웰을 아군으로 보았을 수 있다. 그러나 도드웰은 유신론자의 편에 서 있던 것은 아니었다. 오히려 그는 기독교가 전적으로 불합리한 신앙에 기초하고 있으며 무지하고 비이성적인 사람들에게만 어울리는 종교라고 조롱하고 있었던 것이다. 바로 이 점에서 그는 18세기 지성인답게 이신론자의 편에 섰던 것이다. 그럼에도 그의 이 작품이 나온 시기를 이신론의 쇠퇴가 시작된 시점으로 볼 수 있는데, 이는 그의 논의가 이신론과 유신론이 더 이상 공방을 버릴 이유가 없다는 사실을 보여주었기 때문이다.

흄 역시 기독교란 오직 신앙에만 기초한 종교이기에 이성의 법정에 세울 수 없다는 도드웰의 주장을 받아들여서 종교는 이성이 아닌 신앙에 기초한다고 보았고, 이성에 의해 기독교를 옹호하려는 시도를 기독교의 위험스러운 친구 또는 위장된 적으로 간주하였다. 그러나 도드웰처럼 흄은 기독교를 단순히 불합리한 종교로 몰아 배척하려 들지 않았다. 왜냐하면 그는 누구보다 인간의 유약한 본성을 잘 이해하고 있었기 때문이다.

> 자연종교가 우리에게 제시하는 추상적이며 비가시적인 대상은 인간의 마음을 오랫동안 움직일 수 없으며, 삶 가운데서는 더욱 그러하다. 감정을 지속시키기 위해서는 감각과 상상에 영향을 주는 어떤 방법을 찾아야 하며 신에 대한 철학적 설명 외에 역사적인 방법도 수용해야 한다.[24]

흄에 따르면, 인간은 모든 종교적 교리와 제의가 사라져버린 '종교 없는 신에 대한 믿음belief in God without religion'인 자연종교를 수용할 수 없으며 결국은 기성 종교를 수용하게 된다는 것이다. 우리는 이와 똑같은 견해를 종교의 본질이 내적 체험에 있다고 본

윌리엄 제임스William James, 1842~1910에게서도 찾아볼 수 있다.

> 이른바 자연종교는 종교가 아니라는 이유를 알게 될 것이다. 자연
> 종교는 인간에게 기도를 요구하지 않는다. 자연종교에는 친밀한 영
> 적 교류도 없고, 내적 대화도 없고, 상호 교류도 없다. 신이 인간에
> 게 행하는 것도 없고, 인간이 신에게 보답하는 것도 없으며, 인간과
> 신은 서로 동떨어져 있다. 이것은 종교가 아니라 철학이다. 합리주
> 의와 비판적인 탐구가 성행하는 시대에 종교란 단지 추상적인 개념
> 일 뿐이다. 인위적이며 죽은 창조물에 불과한 이러한 종교는 마땅
> 히 종교라면 지녀야 할 그 어떤 특성도 지니고 있지 못하다.[25]

제임스의 지적처럼 신적 현존에 대한 내적 경험을 표현하는
신조와 의례가 없는 종교에서는 신과 인간과의 어떠한 교류도
찾아볼 수 없다. 다시 말해, 뮈토스가 사라진 자연종교에는 고백
적이며 실천적인 종교의 본질이라 할 수 있는 신에 대한, 그리고
삶에서의 경건이 없었다.[26] 따라서 제임스의 주장처럼 자연종교
는 종교가 아닌 철학이었으며, 기성 종교의 입장에서 보면 그것
은 무기력한 신을 내세운 위장된 무신론이었다.

4

현대의 '종교 없는 신'
미국의 시민종교

'종교 없는 신'에 대한 믿음인 자연종교는 18세기의 유물로만 존재하는 것은 아니었다. 왜냐하면 자연종교는 18세기 신대륙으로 건너가 시민종교의 형태로 20세기 들어서까지 그 명맥을 이어가고 있기 때문이다. 미국의 버클리 대학의 종교사회학 교수인 로버트 벨라Robert Bellah, 1927~에 따르면, 미국에는 건국 초기부터 지금까지 18세기 자연종교의 신앙을 기초로 한 시민종교가 존재해왔다. 벨라는 이 점을 논증하기 위해 미국의 독립선언과 헌법을 기초한 미국의 대표적 지성인 벤저민 프랭클린Benjamin Franklin, 1706~1790의 종교관을 검토한다. 프랭클린의 자서전을 보면 다음과 같은 대목이 나온다.

나에게 결코 종교적 원칙이 없는 것이 아니다. 예컨대, 신이 존재하고, 그가 세상을 지배하며, 남을 위해 선행을 하는 것이 곧 신에 대한 헌신이 되며, 영혼이 존재하며, 모든 죄는 벌을 받고, 덕행은 현세 또는 내세에서 보상을 받으리라는 것을 믿어 의심치 않는다. 나는 이러한 것들이 모든 종교에 본질적인 것이라 생각한다. 우리나라에 존재하는 모든 종교에서도 이러한 점들을 발견할 수 있기에 나는 모든 종교를 존중한다.[27]

프랭클린은 18세기 계몽주의 시대의 지식인답게 17세기 허버트 경에서 18세기 영국 이신론자들로 이어지는 자연종교의 신앙을 수용하고 있다. 그런데 흥미로운 점은 그의 이런 자연종교의 신앙이 미국의 건국 이래 오늘날까지도 시민종교의 형태로 미국 시민들에게 계승되고 있다는 점이다.

여기서 '시민종교civil religion'란 루소Jean Jacques Rousseau, 1712~1778가 『사회계약론』에서 언급한 일종의 이상적 종교 유형이다. 프랭클린과 동시대 인물인 루소는 교육의 확대로 인한 시민의 계몽, 민주주의의 확산과 상공업의 발달이 기성 종교의 쇠퇴를 가져올 것이고 그 경우 국가는 법만으로 국민을 통치해야 하는데 이것으로는 부족하다는 생각에서 국민에게 도덕과 시민으로서의 의무를 가르치는 시민종교를 제안했던 것이다. 루소는 시민종교의 교리로 세 가지를 언급한다. 첫째 전능하며 섭리를 베푸는 신에

종교의 미래

대한 믿음, 둘째 내세로 이어지는 필상필벌에 대한 믿음, 셋째 사회계약과 법률의 신성함에 대한 믿음이다.[28] 요컨대, 시민종교란 시민사회를 유지하는 사회계약과 법률에 신성함을 부여함으로써 시민으로서의 의무를 다하도록 하는 종교를 말한다.

벨라는 18세기에 이상적 종교의 한 형태로 제안된 시민종교가 20세기 미국에도 존재하고 있다는 증거로서 1961년에 행한 케네디 대통령의 취임 연설을 든다. 취임사의 마지막 구절을 보면 국가에 대한 의무를 다함이 곧 신에 대한 의무라는 주장이 담겨 있다.

끝으로 양심의 편안함을 우리의 유일하고도 확실한 모상으로 삼고, 역사를 우리 행위의 최종적 판정자로 삼고, 신의 축복과 도움을 빌며, 신의 위엄이 진정 지상에 사는 우리 모두의 과업임을 깨닫고 사랑하는 조국을 이끌어나가기 위해 매진합시다.[29]

벨라는 케네디 대통령 외에도 다른 미국 대통령들의 취임사도 분석했는데 그 결과를 다음과 같이 요약하고 있다.

국부, 특히 처음 몇몇 대통령들의 언행은 지금까지 주장해온 시민종교의 형식과 논조를 띠고 있다. 많은 부분이 기독교로부터 유래

했지만 워싱턴이나 애덤스, 제퍼슨 어느 누구도 취임사에서 예수에 대해 언급하지 않았으나 항상 신은 언급해왔다. 이는 그의 후임자들의 경우에서도 마찬가지였다. 시민종교의 신은 삼위일체의 신이 아닐뿐더러 엄격한 의미에서 구원이나 사랑보다는 질서나 법, 권리 등과 더 밀접하게 연관되어 있다. 신은 그 성격상 다소 이신론적이지만 그는 결코 단순한 시계공과 같은 신이 아니다. 신은 역사와 연관을 맺으며 미국에 대한 특별한 관심을 갖고 역사에 참여하고 있다.[30]

벨라가 지적하는 역대 미국 대통령들의 취임사에서 드러나는 신관은 이른바 자연의 질서 안에서 세계를 주관하고 있는 신, 즉 자연종교의 신관인 '역사적 이신론historical deism'[31]이다. 벨라에 따르면, 이 역사적 이신론은 단순히 정치인들의 수식어가 아니라 미국의 독립과 헌정을 세우는 데 핵심적인 역할을 했을 뿐 아니라 이후에도 미국인의 삶에 지속적으로 영향을 끼쳐 대다수 미국인들의 종교적 의식의 공통분모로 자리하고 있다.[32] 벨라는 이 공통분모를 미국의 시민종교라 부르는데 그것의 실체성은 역사적 이신론에 대한 믿음, 성조기나 애국가와 같은 상징들, 대통령 취임 선서나 현충일, 독립기념일 제정 등을 통해 드러나고 있다고 말한다.

게다가 미국 시민종교의 실체성을 보여주는 이들 신념이나 상징 그리고 의례는 미국 역사 속에서 찾아볼 수 있는 중요한 사건들과 밀접한 연관을 갖고 있다. 하나는 미국의 독립과 관련된 것이고, 다른 하나는 남북전쟁과 관련된 것이다. 벨라는 전자를 『구약성서』를 대표하는 사건인 출애굽의 사건과 그리고 후자를 『신약성서』를 대표하는 사건인 예수의 십자가 사건 즉 예수의 순교와 부활과 연관시켜 설명하고 있다. 미국인을 선민으로, 미국을 하느님이 약속한 가나안 땅으로, 그리고 조지 워싱턴을 이스라엘 민족을 가나안으로 인도한 모세로 비유하고 있으며, 노예해방을 이끈 링컨을 죄인을 구속하는 예수로 비유하고 있다. 요컨대, 워싱턴을 주인공으로 하는 미국의 독립전쟁은 미국 시민종교의 구약에 해당하는 것이고, 링컨을 주인공으로 하는 시민전쟁은 미국 시민종교의 신약에 해당한다는 것이다. 이들 두 신화를 통해 시민종교는 미국의 국내외 정책을 실행하는 데 없어서는 안 될 중요한 정치적 이념이 되어 통치의 정당성 부여와 사회 통합에 많은 기여를 해왔다. 그러나 미국의 시민종교는 19세기 제국주의 미국의 팽창정책을 옹호하는 데, 그리고 20세기 들어 미국이 개입한 정의롭지 못한 전쟁을 정당화하는 부정적인 이데올로기로 작용해왔다. 미국의 시민종교가 뮈토스의 종교가 아닌 로고스의 종교인 18세기 자연종교에 기초한다는 점에서 이런 부정적 기능은 이미 예견된 일이기도 하다. 흄이 지적하였듯이, 인간의 이성은 정념의 노예이며 따라서 행동을 이끌어내는 것은 이성이 아니라 정념이라는 점에서 로고스적 종교인 자연종교의 이데올로기화는 충분히 예견된 일이었던 것이다. 이데올로기란 현실을 변혁할 힘이 없는 사상이기에 이데올로기가 된 종교는 오직 현실을 옹호할 뿐이다.

라인홀드 니버Reinhold Niebuhr, 1892-1971는 『도덕적 인간과 부도덕한 사회』[33]에서 바로 이 점을 지적하고 있다. 니버는 미국이 1898년 스페인과의 전쟁에서 승리함으로써 얻게 된 필리핀을 식민화하기 위한 구실로 매킨리William Mckinley, 1843~1901 대통령은 일군의 성직자들에게 왜 미국 정부가 필리핀을 식민화하게 되었는지를 다음과 같이 설명했다고 전한다.

나는 매일 밤 늦게까지 백악관 마룻바닥을 걸었습니다. 그리고 나는 여러 날 밤 전능하신 하느님께 무릎을 꿇고 빛과 인도를 간구하였음을 여러분들께 말씀드리는 것을 부끄러워하지 않습니다. 그런데 어느 날 밤 이렇게 광명이 찾아왔습니다. 즉 그것들을 모두 취하고 필리핀 사람들을 교육하여 향상시키고, 개화시키고, 기독교화하며, 하느님의 은혜로 그리스도께서 위하여 죽으신 동포로서 그들을 위하여 우리가 할 수 있는 최선을 다하는 것밖에 달리 할 일이 남아 있지 않다는 것이었습니다. 그때에야 비로소 잠자리에 들어서 잠을 잤는데 아주 깊이 잠을 잘 수가 있었습니다.[34]

매킨리의 고백은 종교가 어떻게 한낱 정치적 이데올로기로 전락하는지를 보여준 사례라 할 수 있을 것이다. 니버는 독실한 기독교인인 유명 정치인들의 위선을 통해 종교가 사회에서는 물론 국가 간의 관계에서 도덕의 자원이 될 수 없음을 지적하며 "종교란 절대자 앞에서의 겸손인 동시에 절대자를 빙자한 자기주장"이라고 말한다.[35] 니버의 말처럼, 종교가 이 같은 위선을 보이게 된 것은 종교가 정의롭지 못한 현실을 옹호하는 한낱 정치적 이데올로기로 전락하였기 때문이다.

4

신 없는 종교

1 도구주의

누군가 "신이 존재한다"라고 말하면서 그 신이 우리 눈앞에 있는 꽃병이나 나무, 의자와 같은 사물처럼 존재한다고 생각한다면 그에게 신은 시공간적 존재로서 경험적 인식의 대상이 되어야 할 것이다. 그러나 신이 시공간의 제약을 받는 경험적 인식의 대상이라면 그런 신은 영원할 수도 그리고 완전할 수도 없는 유한한 존재이기에 모든 유한한 존재가 그렇듯이 다른 것에 의해 존재할 수밖에 없는 존재라는 점에서 창조주인 신이라고 불릴 수 없을 것이다. 그렇기에 철학에서 신적 존재를 말할 때 그것은 일반적으로 시공을 초월해 영원의 차원에 거하는 보편적 존재로 묘사되고 있다. 그런데 문제는 우리가 신을 이처럼 보편적 존재로 규정하면서 "신이 존재한다"라고 말할 경우 그 '존재'의 의미는 시공간의 대상에게 적용되는 존재의 의미와 상이할 수밖에 없기에 존재의 의미가 무엇인지를 다시금 생각해보아야 한다는 점이다. 그러나 우리가 존재를 이야기할 때 일반적으로 머리에 떠올리는 것은 시공간에 제약을 받으며 경험적 인식의 대상이 되는 물리적 사물의 존재들뿐이다. 그렇다면 우리는 보편적 존재인 신이 존재한다고 말할 때 그 주장을 어떻게 이해해야 하는 것일까? 이 문제는 신처럼 보편적 존재이면서 그 존재의 의미에 대해 철학적으로 활발한 수數에 대한 논의를 통해 우회적으로 해결을 모색해볼 수 있을 것이다.

20세기의 대표적 논리실증주의자인 루돌프 카르나프Rudolf Carnap, 1891~1970는 보편적 존재로 간주되는 수에 대한 존재론적 질문과 관련해 이것을 해석하는 두 가지 방식을 제안한다.[1] 하나는 "수가 존재하는가?"라는 질문을 수의 존재를 언급하고 있는 언어체계 내에서 제기된 내재적 질문으로 해석하는 것이고, 다른 하나는 수의 존재를 언급하고 있는 언어체계 자체의 존재를 묻는 외재적 질문으로 해석하는 것이다. 만약 우리가 수의 체계를 받아들이고 있다면 전자의 질문은 진부한 것이 될 것이고, 후자의 질문은 수의 체계를 우리가 받아들일지 아니면 거부할지를 묻는 질문이 될 것이다. 예를 들어, 우리가 물리적 대상으로서 인식하고 있는 내 앞에 놓인 의자를 보면서 "이 의자가 존재하는가?"라

종교의 미래

고 묻는다고 하자. 이 질문이 내재적 질문으로 던져졌다면 이 질문은 내 의식 밖에 의자가 실제로 존재하느냐는 물음이 아니라 내가 지각하고 있는 이 의자가 다른 주변 사물들에 대한 지각과 잘 정합하고 있는지를 묻는 것이 된다. 그러나 이 질문이 외재적 질문으로 던져졌다면 이 질문은 내가 보고 있는 이 의자를 포함해 나를 둘러싸고 있는 이 물리적 세계가 과연 그것을 인식하는 나의 의식 밖에 실재하는지를 묻는 것이다. 이는 유명한 SF영화 〈매트릭스〉에서 묘사되고 있듯이 혹시 우리가 사는 이 세상이 실상은 컴퓨터에 의해 가공된 가상의 세계가 아닌지를 묻는 것과 같다. 우리는 이 질문에 결코 답할 수 없다. 왜냐하면 영화에서와는 달리 우리는 의식의 매트릭스를 벗어나 의식 밖에 무엇이 있는지를 알 수 없기 때문이다. 따라서 이 질문이 의미 있는 질문이 되려면 체계 자체가 실제로 존재하는지를 묻는 인식적 차원의 질문이 아닌 이런 체계를 수용하는 것이 현명한지를 묻는 실천적 질문으로 이해되어야만 한다. 이때 수용 여부를 판단하는 기준은 당연히 삶의 유용성일 수밖에 없을 것이다. 이런 식으로 보편적 존재인 신의 존재 문제에 접근할 경우 이것이 바로 오늘날 주목을 끄는 신의 존재에 대한 도구주의적 견해이다.

신에 대한 도구주의적 이해는 오늘날 신과 종교를 이해하는 여러 방식 중 하나이다. 오늘날 우리 주변을 돌아보면 신이 존재한다는 사실을 받아들이지 않으면서도 종교에 몸을 담고 종교 생활을 하는 사람들이 적지 않다. 이런 사람들에게 왜 종교를 갖고 있느냐고 물으면 대체로 그들이 하는 대답은 기도를 하고, 경전을 읽고, 봉사를 하는 등의 종교적 실천이 자신의 삶에 유익과 행복을 주기 때문이라고 말한다. 영국 리즈 대학 철학과 교수인 푸아드뱅Robin Le Poidevin, 1962~은 이런 견해를 신학적 도구주의라고 명명한다.[2] 그는 『로마를 떠난 인생 여정A Path from Rome』이라는 회고록을 쓴 옥스퍼드 대학의 저명한 철학과 교수인 앤서니 케니Anthony Kenny, 1931~를 대표적인 도구주의 철학자로 꼽는다.[3] 앤서니 케니는 이 책에서 자신이 가톨릭 사제직을 버리고 철학과 교수가 된 이유인 종교적 교리에 대한 의심과 마음의 갈등을 회고하고 있다. 그는 더 이상 성사를 받거나 신조를 고백하지 않지만 여전히 정기적으로 교회에 나가 강론을 듣고 기도를 하는 등 예전처럼 종교 생활을 하고 있다고 말한다. 그는 불가지론자인 자기가 기도를 하는 이유는 바다에서 표류하는 사람이나 산에서 조난을 당한 사람이 아무도 듣지 않을 수 있음을 알면서도 포기하지 않고 구조 요청을 하는 것과 같다고 말한다. 이처럼 비록 신이 존재하는지 여부는 알 수 없지만 기도에 응답하는 신이 존재할 가능성은 여전히 열려 있기에 기도를 한다는 것이다. 이는 조금 형태가 다르기는 하지만 그 본질에서 파스칼Blaise Pascal,

종교의 미래

_{1623~1662}의 내기 논증⁴과 궤를 같이하고 있다.

그러나 파스칼의 내기 논증과 케니의 도구주의적 신앙 사이에는 분명한 차이점이 있다. 전자는 신에 대한 확고한 믿음이 있는 사람이 신앙이 없는 사람에게 신앙에 모든 것을 걸라고 말하는 것이며, 후자는 신앙이 없는 사람이 신앙에 삶의 일부를 걸어보라고 말하는 것이다. 그런데 케니 식으로 신에 대한 아무런 믿음도 없이 하는 신앙생활이 어떤 효과를 거둘 수 있을까? 과연 그의 기도가 응답을 받을 수 있을까? 다시 말해, 그의 기도가 제대로 응답을 받으려면 파스칼이 권고하듯이 신의 존재에 대한 믿음에 모든 것을 걸어야 하는 것이 아닐까? 신의 존재에 대한 믿음이 없으면서도 혹시나 해서 기도를 한다면 과연 그 기도가 응답을 받을 수 있을까? 일단 조난을 당한 사람이 구조 요청을 하는 것은 자신의 구조 요청에 응답할 누군가가 있을 것이라는 믿음이나 기대가 있어야 한다. 그런데 이런 믿음이나 기대가 없이도 사력을 다해 구조 요청을 할 수 있겠는가? 신에 대해 믿음이 있다는 사람들조차도 그들의 기도에서 참회와 진심을 읽을 수 없는 경우가 많은데 하물며 믿음이 없는 사람들이 혹시나 하는 마음에서 드리는 기도에서 그런 참회와 진심을 기대할 수 있을까? 참회와 진심이 담기지 않은 기도가 과연 기도하는 사람에게 어떤 영적인 유익을 줄 수 있을까?

2
무신론적 도구주의

여기서 한 걸음 더 나아가 케니처럼 불가지론자가 아니라 신이 존재하지 않는다고 생각하는 무신론자의 경우는 상황이 또 다르다. 무신론자들은 신의 존재를 부인하는 까닭에 기도가 응답받을 가능성을 처음부터 닫아놓고 있다. 따라서 기도를 하거나 경전을 읽는 등의 종교적 실천은 그들에게 전혀 의미가 없다고 볼 수 있다. 그런데 이에 대해 반론을 펴는 사람이 있다. 앞서 언급한 푸아드뱅 교수다. 그는 케니와 달리 무신론에 기초한 도구주의를 주장하고 있는데 그의 무신론적 도구주의에 따르면, 신이란 순전히 허구적 존재에 불과하다. 천국이나 지옥 역시 인간이 지어낸 허구일 뿐이다. 그럼에도 우리가 신에 대한 이야기에 관심을 집중하는 것은 그로 인해 우주와 세상사를 이해할 수 있기 때문이 아니라 우리의 삶을 변화시킬 수 있기 때문이다. 그런 까닭에 비록 무신론자라 할지라도 종교에 몸을 담고 종교적 실천을 수행하는 것은 나름대로 의미가 있는 것이다.

푸아드뱅이 이런 급진적인 무신론적 도구주의를 옹호하는 이유는 앞서 언급한 것처럼 보편적 존재로서 신의 존재에 대한 의문을 외재적 질문으로 볼 경우 그것은 결국 실천적 측면에서 효용을 고려한 선택의 문제로 귀결될 수밖에 없다는 생각에서다. 그러나 이런 무신론적 도구주의는 여러 반론에 직면하게 된다. 무엇보다 신에 대한 담론이 허구적인 것이라면 그것이 어떻게 우리의 삶에 실제 영향을 줄 수 있겠느냐는 반론이다. 이에 대해서 푸아드뱅은 우화가 도덕적 교화를 위해 사용되는 경우를 예로 든다. 실상 도덕적 교화는 도덕적 교훈을 추상적인 용어로 전달하기보다는 드라마 형식의 스토리로 전달할 때 훨씬 효과적이다. 이는 도덕적 행동이 도덕적 메시지를 단순히 이성적으로 이해함으로써가 아니라 감성적으로 공감할 때 일어나기 때문이다.

그러나 이런 설명만으로는 여전히 풀리지 않는 문제가 있다. 그것은 허구가 얼마나 깊은 감성적 공감을 불러일으킬 수 있느냐 하는 점이다. 타인을 위해 자신의 모든 것을 내어줄 수 있는 이웃에 대한 헌신적인 사랑은 영혼을 흔드는 강렬하고 지속적인 감성적 공감 없이는 좀처럼 가능하지 않은 행동이다. 인류의 죄를 위해 십자가에 못 박혀 죽은 예수 그리스도의 존재와 그의 사역이 단순히 지어낸 이야기라면 이 이야기가 어떻게 수많은 사람을 감동시킬 수 있고, 그 사람들로 하여금 그와 같은 행동을 하도록 정서적 영향력을 행사할 수 있었을까? 이 같은 의문에 답하기 위해 푸아드뱅은 켄들 월튼Kendall Walton, 1939~의 '믿는 체 하는 게임the game of make-believe'이라는 설명을 끌어들인다.[5] 도둑잡기 놀이를 할 때 아이들은 실제 경찰이나 도둑이 된 것처럼 자신이 맡은 역에 심취하여 행동하는 것을 볼 수 있다. 또한 우리들은 소설을 읽을 때 소설 속 이야기가 실제 일어난 사건이거나 현재 벌어지고 있는 사건인 양 생각하며 읽는다. 그 결과 우리는 실제 상황에서 느끼는 것과 매우 유사한 정서적 체험을 갖게 된다. 이처럼 종교의 경우도 일종의 '믿는 체 하는 놀이'라는 것이 푸아드뱅의 주장이다.

　　푸아드뱅에 따르면, 우리는 신앙고백을 통해 신이 있다고 믿는 체 하는 게임에 참여하는 것이다. 우리가 신앙인또는 종교인이 된다는 것은 예배에 참여해 하느님이 그의 백성에게 행한 이적과 섭리의 이야기를 듣고, 하느님께 기도를 한다는 것을 의미한다. 이를 푸아드뱅 식으로 말하면, 우리가 기독교인이 된다는 것은 성서에서 말하고 있는 그런 하느님을 '믿는 믿는 체 하는 게임'에 참여하는 것을 의미하는 것으로서, 우리는 이 게임에 참여함으로써 우리의 행위를 도덕적으로 심판하고, 우리를 질책하기도 하고, 또 한편에서는 용서하기도 하는 전능한 창조주에 대한 이미지와 더불어 인간의 형상으로 이 땅에 와서 불쌍한 죄인들을 위해 기꺼이 자신의 목숨을 내놓은 '사랑의 하느님'이라는 이미지와 만나게 되는 것이다. 바로 이런 신에 대한 드라마적 이미지를 통해 우리는 이웃에 대한 사랑과 희생 그리고 도덕적 책임을 공감하게 되며, 이 공감은 내 삶의 변화를 이끌어내는 실천으로 연결된다는 것이다.

그러나 푸아드뱅의 설명에는 여전히 문제가 남는다. 믿는 체 하는 것과 실제로 믿는 것의 차이가 어떻게 같을 수 있느냐 하는 점이다. 다시 말해, 믿는 체 하는 게임으로는 우리가 실재라고 믿는 경우에 갖게 되는 것과 같은 동일한 정서적 공감을 이끌어낼 수 없다는 점이다. 이에 대해 푸아드뱅은 신학적 실재론자들 역시 성서에서 기술한 내용에 대한 사실 여부를 알 수 없기에 실상은 '믿는 체 하는 게임'에 참여하는 것과 별반 다를 바가 없다고 말하며, 한 걸음 더 나아가 허구임을 알면서도 믿는 체 하는 것이 실제 그렇다고 믿는 경우보다 훨씬 나은 장점이 하나 있다고 말한다. 바로 그것은 신학적 난제인 신앙과 자율의 충돌을 피할 수 있다는 점이다.

푸아드뱅이 여기서 언급하는 신앙과 자율의 충돌 문제는 반

신 없는 종교

反실재론자인 영국의 종교철학자이자 기독교 신학자인 돈 큐핏 Don Cupitt, 1934~이 아주 명료하게 설명하고 있다. 큐핏은 만약 어떤 종교가 신을 인간 밖에 존재하면서 인간을 통제하는 하나의 객체로 생각한다면 그런 종교는 자율적 존재로서의 인간을 구원할 수 없다고 말한다.

우리가 하느님의 뜻이 무엇인지에 대한 지식을 포함해서, 나와는 다른 구별된 대상으로서의 하느님에 관한 이론적 지식을 가질 수 있다면, 그리고 하느님과 하느님의 뜻에 대한 이런 이론적 지식이 그 자체로서 종교적 의무를 우리에게 부과하기에 충분하다면, 신앙이란 철저하게 타율적이 될 것이다. 우리는 밖으로부터 우리를 통치하려는 전능한 의지에 종속될 것이다. 그토록 타율적 신앙이 어떻게 우리를 자율적이고 완전히 해방의 영靈이 되는 길로 안내할 수 있겠는가? 그것은 불가능하다. 그렇다면 객체적 하느님의 존재를 더 이상 말할 수 없다는 마지막 결론에 이른 것이 아닌가? 다시 말해, 객체적 하느님은 우리를 구원할 수 없다는 말이다.[6]

요컨대, 큐핏의 논리는 내가 종교적 계율에 따라 신실하게 살아간다고 할 때 그렇게 사는 이유가 단지 신의 뜻이기 때문이라고 한다면 그렇게 전적으로 신의 뜻을 좇아서 사는 타율적 삶을 어떻게 구원이라고 말할 수 있느냐는 것이다. 다시 말해, 신이 인간을 통제하기 위해 인간 밖에서 객체적인 권위로서 존재하고 있다고 믿는 종교에서 어떻게 인간의 내적 성숙과 진정한 구원을 기대할 수 있냐는 것이다. 그러기에 큐핏은 과거에는 신의 명령에 불복하는 것이 죄가 되었다면 이제는 복종이 죄가 되어야 한다고 말한다. 푸아드뱅이 말하는 '믿는 체 하는 게임' 즉 내가 그것이 허구임을 알면서도 그렇게 믿고 따르기로 하는 것은 큐핏이 말하는 바 복종의 죄를 저지르지 않는다. 믿는 체 하는 게임은 어디까지나 나의 선택에 따른 행동이기 때문이다. 여기서 한 걸음 더 나아가 무신론적 도구주의는 또 다른 이점이 있다. 그것은 무신론적 도구주의가 오늘날 종교계에서 아주 심각한 문제가 되고 있는 광신주의의 위험을 피해갈 수 있는 방안이라는 점이다. 광신은 자신들이 믿는 종교적 교리를 절대적 진리라고 맹신하는 데서 오는 것인데 도구주의적 관점에서 진리란 곧 유용성이기에 절대적 진리는 있을 수 없으며 따라서 광신을 몰고 오는 맹신도 있을 수 없기 때문이다.

푸아드뱅에 따르면, 신의 존재를 주장하는 신학적 실재론이 폐기된다 해도 종교적 의식과 실천은 얼마든지 도구주의적 관점에서 우리의 삶에 영향을 주는 기능을 계속해갈 수 있다는 것이다. 푸아드뱅은 자신의 이런 무신론적인 신학적 도구주의를 과학적 도구주의와의 비교를 통해 옹호하고자 한다.

과학적 도구주의에 따르면, 과학적 이론이란 우리가 어떤 방식으로 물체가 반응할지를 예측하기 위해 활용하는 하나의 도구에 지나지 않는다. 즉 이론이란 하나의 허구라는 것이다. 예를 들어, 과학자들은 화합물의 원자 결합 구조를 보이기 위해 여러 색상의 구슬과 철사를 이용하는데 도구주의자들은 이것이 실제 화합물의 구조를 그대로 모방하는 것이 아니라 원자와 원자의 결합이 야기하는 변화를 예측하기 위해 선택한 허구적 구조물일 뿐이라고 지적한다. 이에 대해 과학적 실재론자들은 이 구조가 화합물의 변화를 예측하는 데 유용하다면 그것은 그 구조가 실제로 원자들의 구조를 모방하기 때문이라고 주장한다. 그러나 도구주의자들은 이론의 유용성이 실재와의 대응에 달려 있다는 실재론자들의 이 같은 주장에 대해 동의하지 않는다. 왜냐하면 과학에서 실제로 사용하는 이론들을 보면 서로 양립 가능하지 않은 두 이론이 유용성을 근거로 동시에 활용되고 있기 때문이다. 파동 이론과 입자 이론이 그 예다. 빛에 대한 두 이론이 동시에 실재와 대응한다는 것은 사실상 불가능하다. 그럼에도 현재 학계에서는 이 두 이론을 유용성을 이유로 모두 수용하고 있다. 따라서 과학에서 사용하는 이론이 실재와의 대응에 기초한 것이라는 주장은 설득력이 없다는 것이 도구주의자들의 반론이다.

우리가 종교의 신비적 영역에 속하는 신이나 영혼 그리고 천국의 존재에 대한 믿음과 밀접한 연관이 있는 종교의 교리적 명제를 놓고 그것이 사실과의 일치 여부에 따라 참과 거짓이 될 수 있다고 주장하는 것은 인간의 인식능력을 벗어난 월권적 주장이 아닐 수 없다는 것이 푸아드뱅의 주장이며 이는 일찍이 칸트가 『순수이성비판Kritik der reinen Vernunft』에서 주장한 내용이기도 하다. 푸아드뱅에 따르면, "신이 존재하는가?"라는 질문은 "중성자가 존재하는가?"라는 질문처럼 과학적 도구주의의 입장에서 외재적 질문으로 이해되어야 한다. 이 질문이 유신론적 신앙을 받아들이는 사람들에게 던져졌을 때는 당연히 내재적 질문으로 이해될 것이며 이때 그들의 답변은 당연히 긍정적일 것이다. 반면에 유신론적 신앙을 수용하지 않는 사람들에게서는 외재적 질문으로 이해될 것이며 이때 그들에게 이 질문은 유신론적 세계관을 받아들이는 것이 그들의 삶에 유용성을 가져올 수 있는 올바른 선택인지를 묻는 도구주의적 질문이 될 것이다. 한마디로 푸아드뱅의 무신론적 도구주의는 신의 존재에 대한 질문이 외재적 질문으로 이해될 때 유용성을 근거로 수용될 수 있다는 주장인 것이다.

신없는 종교

3

로티의 낭만적 다신론
실용주의적 종교관

종교를 일종의 삶의 유용한 도구로서 보는 도구주의는 19세기 미국의 실용주의 철학자인 윌리엄 제임스가 주장한 견해이기도 하다. 윌리엄 제임스는 한 개인에게 종교란 "그것이 무엇이든 그가 근본적인 진리라고 느끼는 것을 향한 그의 태도"[7]라고 정의하며, 종교의 정당성은 신의 존재를 입증하는 데 달려 있는 것이 아니라 그것이 우리의 삶을 얼마나 풍요롭게 하는가 하는 유용성에 달려 있다고 말한다.

문제의 진리는 이렇게 표현할 수 있다. 신은 알려져 있지 않다. 그는 이해되지 않는다. 그러나 그는 때로는 육류 공급자로, 때로는 도덕의 보루로, 때로는 친구로, 때로는 사랑의 대상으로 사용된다. 그가 유용하다고 증명되면 종교적 의식은 그 이상을 요구하지 않는다. '신은 정말 존재할까? 어떤 식으로 존재할까? 그의 본질은 무엇일까?' 등과 같은 물음은 수많은 부적절한 질문이다. 신이 아니라 삶, 즉 더욱 풍요롭고 거대하며 만족스러운 삶이 궁극적으로 종교의 목적이다. 모든 그리고 단계마다의 발전에서 삶에 대한 사랑은 종교의 추진력이다.[8]

  20세기 미국을 대표하는 철학자인 리처드 로티Richard Rorty, 1931~2007는 윌리엄 제임스의 실용주의적 관점에서 도구주의적 종교론을 수용하고 있다. 신실용주의자로 불리는 로티는 자신의 주저인 『철학과 자연의 거울Philosophy and the Mirror of Nature』에서 인간은 언어에 갇혀 있는 언어적 존재이기에 거울처럼 있는 그대로의 실재의 세계를 표상할 수 없다고 말한다. 좀 더 구체적으로 말해, 인간은 언어를 매개로 하여 인식을 하므로 언어가 지닌 모호성과 애매성으로 인해 다양한 해석의 여지가 생겨나게 된다. 따라서 인식의 객관성이란 신화에 불과한 것이다. 그러므로 로티는 언어란 실재를 있는 그대로 표상하는 거울이 아니라 인간에 의해 창조된 메타포나 해석의 꾸러미에 지나지 않는다고 말한다. 바로 이러한 이유로 로티는 인간의 모든 언어적 활동을 등가적인 것으로 보며, 과거 과학적 인식에 비해 비인식적 언어라는 이유에서 폄하되어왔던 시적 언어의 복권을 시도한다. 로티가 특별히 시적 언어의 복권에 관심을 갖는 이유는 시적 언어의 본질이 바로 자유로운 상상력과 창조를 기초로 한 메타포라는 점 때문이다. 로티에게 모든 언어는 하나의 메타포에 불과하며 메타포란 삶을 살아가는 데 필요한 하나의 방편 즉 문제 해결의 도구인 것이다. 그러므로 우리가 현실을 개선하고 발전적인 삶을 도모하기 위해서는 늘 참신한 (자유로운 상상력과 창의력이 깃든) 메타포를 창안하는 것이 절실히 요구된다. 로티에게는 종교 역시 하나의 메타포에 지나지 않는다. 로티는 「낭만적 다신론으로서의 실용주의」라는 글에서 신실용주의에 기초한 자신의 독특한 종교관을 피력하고 있는데 그의 견해는 다음과 같이 다섯 개의 명제로 요약할 수 있다.[9]

첫째, 우리의 인식이 세계를 있는 그대로 표상할 수 없다는 반표상주의 또는 반토대주의의 입장에서 볼 때 모든 믿음을 하나의 세계관으로 통합하려고 해서는 안 되며, 따라서 인식론적으로 볼 때 다양한 종교가 가능하다.

둘째, 진리란 인식적 차원의 개념이 아니라 행복과 연관된 개념이다. 다시 말해, 진리란 행복 추구에서 성공적임을 의미하는 것이다.

셋째, 자연과학이 간주관적인 동의에 기초한 사회적 협력의 장場에 속하는 것이라면 종교란 간주관적인 동의가 필요 없는 개인적인 자기 발전에 관한 장에 속하는 것이다.

넷째, 종교란 절대적 진리 추구와 아무 연관이 없는 사적 영역에 속하는 것이다.

다섯째, 인간의 다양한 욕구들을 통약해서 순서를 매길 수 있으며 그 순서는 그들이 믿고 있는 강력한 존재즉 신에 의한 것이라고 믿는 근본주의적 종교는 반민주적이라는 점에서 수용될 수 없다.

이들 다섯 개의 명제를 한마디로 요약한다면 종교란 '개인의 행복 추구와 관련된 다양한 사적 담론'이라는 것이다. 로티는 이러한 자신의 종교적 입장을 자유롭고 다양한 정신에 기초해 다신론적 성향을 추구하는 시詩를 하나의 종교로 간주하던 19세기 영미 낭만주의 문학에 비유해 '낭만적 다신론'이라고 이름 붙인다.[10] 로티는 미국 낭만주의 문학의 대표적 인물로서 초월주의超越主義 또는 초절주의超絶主義를 주장하는 에머슨Ralph Waldo Emerson, 1803~1882[11]의 영향을 받았다. 초월주의transcendentalism에 따르면, 인간은 스스로 인간과 자연에 내재한 신성을 인식할 수 있는 직관을 가지고 있으며, 신과 인간 그리고 자연은 분리된 존재가 아닌 하나의 통합된 존재이다. 초월주의가 잘 드러나는 에머슨의 초기 시 한 편을 감상해보자.

나는 나 밖에서 살지 않을 것입니다.

다른 이들의 눈으로 보지 않을 것입니다.

나의 선이 선이고 나의 악이 악이니

나는 자유로울 것입니다. 그럴 수 없는 것은

다른 사람들이 즐거워하는 대로 사물을 볼 때입니다.

감히 나만의 길을 놓으려 합니다.

나 자신이 기뻐하는 것은 좋은 것이고

내가 원하지 않고 무관심한 것,

내가 미워하는 것은 나쁜 것입니다. 그것은 분명합니다.

그러므로 하느님, 나는 영원히 벗어버립니다.

인간의 의견의 굴레를, 나는 새처럼 가벼운 마음이 되어

하느님과 함께 살겠습니다.

나는 그를 내 마음 깊은 곳에서 찾고

내 안에서 그의 목소리를 끊임없이 듣습니다.

그리고 책도, 목사들도, 세상도 덜 존중합니다.

마음이란 눈먼 안내자라고 누가 말했습니까? 아닙니다.

내 마음은 내게 죄를 지으라고 가르친 적이 없습니다.

지혜가 어디서부터 오는지 알 수 없습니다.

가장 어두운 심연에서 가장 달콤한 유혹 가운데

또는 무서운 위험 가운데 한 번도

그 온화한 천사는 계시를 잊은 적이 없습니다.

작은 바늘은 언제나 북쪽을 가리키고

작은 새는 제가 부를 노래를 기억합니다.

그리고 현명한 예언자는 결코 틀리지 않습니다.

그것이 내게 가르쳐주는 것을 나는 가르친 적이 없습니다.

내가 옳게 행동할 때 나는 따르기만 합니다.

그러면 이 전지한 영혼은 어디에서 왔습니까?

하느님에게서 왔습니다. 그것이 신입니다.[12]

에머슨의 시가 어떤 사람에게 자연과 인간 그리고 자신의 삶을 향한 태도를 변화시킨다면, 그 시는 그 사람에게 종교가 되는 것이다. 로티에 따르면, 종교란 타인에게 자신의 신념을 정당화해야 할 지적 책임이 수반되지 않는 사적 영역에 속하는 것이기에 얼마든지 문학의 형식으로 전달될 수 있는 일종의 개인의 형이상학인 것이다. 그러나 종교가 정당화가 필요 없는 사적 신념이라는 말이 곧 종교가 사소한 것이라는 말은 아니다. 왜냐하면 종교란 우리로 하여금 세상사에 더 잘 대처할 수 있는 자아를 창조하는 데 기여하는 일종의 메타포인 만큼 그것은 사적 영역에 속한 것임에도 불구하고 매우 중요한 것이기 때문이다. 요컨대, 종교란 세상사에 잘 대처할 수 있는 자아를 창조하는 데 기여하

신 없는 종교

는 일종의 시적 담론과 같은 것으로서 종교의 감동은 종교가 지닌 드라마적이고 미학적인 요소로부터 오는 것이다. 바로 이 점에서 로티의 낭만적 다신론은 푸아드뱅의 무신론적 도구주의와 일맥상통함을 알 수 있다. 로티나 푸아드뱅의 도구주의는 근대 이후 공적인 영역에서 일종의 제로섬 게임을 벌이면서 권력의 체계로 작동하게 된 종교의 문제를 해결할 수 있는 이른바 탈종교의 정치학을 시도하고 있다는 점에서 매우 의미 있는 접근이라고 할 수 있다.

미시적 분석을 통해 근대적 권력과 지식의 결합을 보여준, 포스트모더니즘을 대표하는 해체주의 철학자 푸코Michael Foucault, 1926~1984는 지식이 권력에 종속적인 작용을 한다거나 이데올로기 기능을 한다는 마르크스의 입장을 넘어서 지식 그 자체를 하나의 권력으로 이해한다. 푸코의 분석에 따르면, 근대 감옥이 규율적 권력으로 변모하면서 감옥 주위에는 정신분석학자, 사회과학자, 종교인과 같은 많은 지식인들이 모여든다. 이제 규율의 대상이 되는 사람들을 기록하고, 분석하고, 평가하는 감옥은 단순한 하수인이 아니라 바로 하나의 권력이 된다. 푸코는 『감시와 처벌 Surveiller et Punir』에서 니체처럼 권력과 지식의 유착 관계를 다음과 같이 지적하고 있다.

종교의 미래

모든 권력 관계가 차단되어야만 지식이 존재한다거나, 지식이 권력의 명령이나 요구, 이해관계를 떠나야만 발전할 수 있다고 생각하는 모든 전통을 떠나야 한다. …… 오히려 인정해야 할 것은 권력이 지식을 창출한다는 점이며, 권력과 지식은 상호 직접 관여한다는 점이고, 또한 지식의 영역과 상관관계를 갖지 않는 권력적 관계는 존재하지 않으며, 또한 권력적 관계를 전제하거나 구성하지 않는 지식은 존재하지 않는다는 점이다.[13]

요컨대, 지식이란 권력과 연관된 담론을 통해 형성되기에 참된 지식이란 권력을 생산하고 유지하는 권력 체계와 일정한 상호관계를 맺고 있는 날조된 것fabrication 또는 허구fiction인 것이다.

권력과 지식을 권력-지식의 복합체pouvoir-savoir로 보는 푸코의 관점에서 볼 때 종교는 권력의 도구이자 그 자체가 정치적 권력이다. 18세기 말 퀘이커 교도들에 의해 설립된 묵상의 집에서 이루어진 광인들의 종교 교육[14]은 정치적 권력이 어떻게 종교와 손잡고 인간의 영혼을 정치에 순응하도록 만들었는지를 보여준다. 이른바 종교인들이 말하는 종교적 영혼이란 권력에 의해 만들어지고 조작된 영혼으로서 처벌과 징계 그리고 훈련을 통해 사람들의 욕망은 예속되고, 길들여지고, 훈련되고, 통제되는 것이다. 그 결과 마침내 신체가 영혼의 감옥이 아니라 영혼이 신체의 감옥이 되어버렸다. 이제 현대인을 가두는 것은 더 이상 물리적 감옥이 아니라 눈에 보이지 않는 영적 감옥인 것이다. 이처럼 종교를 역사적 조건 밖에 존재하는 초월적이며 규범적인 질서의 차원에서가 아닌 인간의 구체적이며 세속적인 삶의 차원에서 이해하고 있는 푸코의 권력-지식 담론은 종교를 특정한 삶의 방식을 자발적으로 따르도록 만드는 권력의 체계로 이해하며, 종교가 어떻게 생성되며 어떻게 인간의 삶을 규제하고 질서화하는지 관심을 갖는다. 바로 이것은 종교를 삶의 투쟁이 이루어지는 정치의 장으로 이해하는 것이며, 이는 인류에게 선험적이며 규범적인 이상을 제시한다고 여겨진 기성 종교를 해체하는 이른바 종교의 정치학politics of religion인 것이다.[15]

　　종교를 절대적 진리의 체계가 아닌 일종의 실용적 도구로 보는 로티의 종교관은 종교의 가치를 인정하면서도 종교를 공적인 영역에서 작동하는 권력의 체계로 보지 않는다는 점에서 푸코를 통해 그 모습을 드러낸 종교의 정치학을 탈피하려는 이른바 탈종교의 정치학으로 볼 수 있다. 그러나 종교를 사적인 영역에 속한 것으로 보아 종교의 다양성을 수용하는 로티의 낭만적 다신론이 과연 탈종교의 정치학이 될 수 있을지는 의문이 든다. 왜냐하면 로티가 낭만적 다신론을 주장한다고 해서 그가 모든 종교를 수용하고 있는 것은 아니기 때문이다. 그는「대화의 훼방꾼으로서 종교」라는 글에서 공적 영역에서 민주적 절차나 합의를 존중함으로써 민주주의에 순응하지 않는 근본주의자들의 유일신적인 배타적 종교를 대화의 훼방꾼이라는 이유에서 거부하고 있다.[16] 그렇다면 로티에게 자유민주주의는 종교의 수용 여부를 판단하는 잣대가 되는 것이다. 그런데 그는 어떤 근거에서 자유민주주의를 종교의 수용 여부를 판단하는 잣대로 사용하고 있는 것일까? 로티는 이 질문과 관련해 자유민주주의가 역사상 시행된 다른 어떤 제도보다 우월한 제도라는 설명 외에 별다른 합리적 근거를 제시하지 못한다. 바로 이 점에서 자유민주주의는 로티에게 단순한 정치적 이데올로기가 아니라 어떠한 정당화도 필요치 않은 하나의 신앙이 아닌가 하는 의심을 떨칠 수 없는데, 실상 로티는 "민주주의는 정부의 한 형태나 일종의 사회적 방편이 아니라 자연 안에서 인간의 이해관계와 그 체험에 관한 하나의 형이상학이다"[17]라고 고백하고 있다.

요컨대, 자유로운 대화를 방해한다는 이유에서, 다시 말해 자유민주주의의 훼방꾼이라는 이유에서 배타적인 일신론적 종교를 거부하는 로티에게서 자유민주주의는 궁극적 가치이자 그의 신앙이자 종교인 것이다. 폴 틸리히에 따르면, 종교란 궁극적 관심이며, 신앙이란 궁극적 관심에 사로잡힌 상태를 말하는 것이다. 그렇다면 로티에게 종교란 다름 아닌 자유민주주의인 것이다. 이처럼 로티의 낭만적 다신론이 비록 종교를 공적 영역이 아닌 사적 영역에 속한 개인의 형이상학으로 간주한다고 해도 그 배후에 자유민주주의에 대한 유사종교적 열정이 자리하고 있는 한 로티는 종교를 권력 그 자체나 권력의 도구로 보는 종교의 정치학에서 벗어나 탈종교의 정치학을 시도했다고 말하기 어렵다. 오히려 그는 미국이라는 초강대국이 전 세계에 전파하는 자유민주주의 체제를 사회정치적으로 옹호하기 위해 낭만적 다신론을 이데올로기로 사용하고 있다는 의혹을 떨칠 수가 없다. 결과적으로 권력자유민주주의이 종교적 담론낭만적 다신론을 구성하여 참된 종교와 거짓 종교를 구분하는 한편 권력이 정치적 이해를 목적으로 종교를 이용한다는 점에서 로티의 낭만적 다신론은 푸코가 말하고자 했던 바로 그 종교의 정치학인 것이다.

그러나 푸아드뱅은 로티와 달리 샛길로 빠지지 않고 끝까지 종교를 사적 영역에 묶어놓음으로써 탈종교의 정치학에 성공하는 듯이 보인다. 그러나 그의 도구주의는 여전히 문제가 있다. 그것은 바로 신 없는 종교 즉 믿는 체 하는 게임으로서의 종교가 과연 그의 기대처럼 종교적 헌신을 이끌어낼 수 있을까 하는 점이다. 과연 우리는 존재하지 않음을 알고 있으나 그 유용성 때문에 믿기로 선택한 신 앞에 진실한 기도를 할 수 있고, 제사를 드릴 수 있고, 찬양을 올릴 수 있고, 경외심으로 무릎을 꿇을 수 있고, 그 신을 위해 목숨을 걸 수 있을까? 그럴 수 없다면 도구주의란 방관자 또는 관찰자의 입장에서 종교를 설명하는 방식일 뿐 실제 종교와는 거리가 먼 것이 아닐까? 도구주의의 이 같은 문제점을 정확하게 직시한 철학자가 있다. 바로 자크 데리다Jacques Derrida, 1930~2004이다.

데리다는 『죽음이라는 선물The Gift of Death』에서 『구약성서』「창세기」에 나오는 아브라함이 이삭을 바치는 사건에 대한 해석을 통해 종교의 본질을 이야기한다. 「창세기」 22장을 보면 이 사건은 다음과 같다.

이런 일들이 있은 뒤에 하느님께서 아브라함을 시험해 보시려고 "아브라함아!" 하고 부르셨다. "어서 말씀 하십시오" 하고 아브라함이 대답하자 하느님께서는 이렇게 분부하셨다. "사랑하는 네 외아들 이삭을 데리고 모리야 땅으로 가거라. 거기에서 내가 일러주는 산에 올라가 그를 번제물로 나에게 바쳐라." 아브라함은 아침 일찍 일어나 나귀에 안장을 얹고 두 종과 아들 이삭을 데리고 제물을 사를 장작을 쪼개 가지고 하느님께서 일러주신 곳으로 서둘러 떠났다. 길을 떠난 지 사흘 만에 아브라함은 그 산이 멀리 바라보이는 곳에 다다랐다. 아브라함은 종들에게 "너희는 나귀와 함께 여기에 머물러 있거라. 나는 이 아이를 데리고 저리로 가서 예배드리고 오

종교적 의무와 윤리적 의무의 갈등

데리다는 『죽음이라는 선물』에서 아브라함이 이삭을 바치는 사건에 대한 해석을 통해
종교의 본질을 이야기한다. 아브라함은 하느님의 명령에 복종해야 하는 종교적 의무와
가족을 지켜야 하는 윤리적 의무의 충돌에서 오는 심적 갈등을 크게 느꼈을 것이다. 데
리다에 따르면, 종교적 의무를 수행하는 것 또는 종교적 믿음을 갖는다는 것은 행위에
대한 합당한 이유와 대가에 대한 희망 없이 한 인간의 생명을 하느님께 선물로 바치는
것과 같은 것이다. 렘브란트, 〈이삭의 희생〉(1635).

겠다" 하고 나서 번제물을 사를 장작을 아들 이삭에게 지우고 자기는 불씨와 칼을 챙겨 들었다. 그리고 둘이서 길을 떠나려고 하는데, 이삭이 아버지 아브라함을 불렀다. "아버지!" "애야! 내가 듣고 있다." "아버지! 불씨도 있고, 장작도 있는데, 번제물로 드릴 어린 양은 어디 있습니까?" "애야! 번제물로 드릴 어린 양은 하느님께서 손수 마련하신단다." 말을 마치고 두 사람은 함께 길을 떠나, 하느님께서 일러주신 곳에 이르렀다. 아브라함은 거기에 제단을 쌓고 장작을 얹어놓은 다음 아들 이삭을 묶어 제단 장작더미 위에 올려놓았다. 아브라함이 손에 칼을 잡고 아들을 막 찌르려고 할 때, 야훼의 천사가 하늘에서 큰 소리로 불렀다. "아브라함아, 아브라함아!" "어서 말씀하십시오." 아브라함이 대답하자 야훼의 천사가 이렇게 말하였다. "그 아이에게 손을 대지 말라. 머리털 하나라도 상케 하지 말라. 나는 네가 얼마나 나에게 공경하는지 알았다. 너는 하나밖에 없는 아들마저도 서슴지 않고 나에게 바쳤다." 아브라함이 이 말을 듣고 고개를 들어 보니 뿔이 덤불에 걸려 허우적거리는 숫양 한 마리가 눈에 띄었다. 아브라함은 곧 가서 그 숫양을 잡아 아들 대신 번제물로 드렸다. 아브라함은 그곳을 야훼 이레라고 이름 붙였다. 그래서 오늘도 사람들은 "야훼께서 이 산에서 마련해주신다"고들 한다. 야훼의 천사가 또다시 큰 소리로 아브라함에게 말하였다. "네가 네 아들, 네 외아들마저 서슴지 않고 바쳐 충성을 다하였으니,

신없는 종교

나는 나의 이름을 걸고 맹세한다. 이는 내 말이라, 어김이 없다. 나는 너에게 더욱 복을 주어 네 자손이 하늘의 별과 바닷가의 모래같이 불어나게 하리라. 네 후손은 원수의 성문을 부수고 그 성을 점령할 것이다. 네가 이렇게 내 말을 들었기 때문에 세상 만민이 네 후손을 통해 덕을 입을 것이다.『창세기』 22:1~18

여기서 데리다는 믿음을 대체 불가능한 죽음이라는 선물과 연결시킨다. 아브라함은 하느님의 명령에 복종해야 하는 종교적 의무와 가족을 지켜야 하는 윤리적 의무의 충돌로 인해 심적 갈등을 느꼈을 것이다. 바로 이런 심적 갈등은 아브라함을 아포리아aporia[18]로 몰고 간다. 일반적으로 윤리적 의무에는 합당한 이유가 있고 그 행위의 결과에 대한 예기되는 대가와 희망이 있게 마련이다. 그러나 종교적 의무에는 그런 것들이 존재하지 않는다. 하느님은 아브라함에게 이삭을 바치라고 명령했을 뿐 왜 그런 행동을 해야 하는지 아무런 설명도 하지 않았고, 아브라함 역시 그 이유를 묻지 않았다. 종교적 의무를 이행하는 것 또는 종교적 믿음을 갖는다는 것은 이처럼 자신의 행위에 대해 아무런 이유도 묻지 않고, 돌려받을 가능성이 전혀 없는 한 인간의 생명을 하느님께 선물죽음이라는 선물로 바치는 일종의 광기madness인 것이다. 따라서 종교를 유용성에 기초한 일종의 도구로 보는 도구주의적 견해는 종교에 대한 이해와는 거리가 먼 해석이 아닐 수 없다.

  그럼에도 도구주의적 견해가 제기되는 것은 신앙을 광기로 여기기보다는 세상사에 더 잘 대처할 수 있게 해주는 도구로 생각하는 종교인들이 더 많기 때문인 것이다. 바로 이런 종교인들이 많아지면 많아질수록 역설적으로 종교는 삶의 유용한 도구의 역할을 할 수 없는 역리逆理가 발생하게 된다. 도구주의가 주장하는 것처럼 종교가 실제로 삶의 유용한 도구가 되려면 광기가 요구되는데 그것이 도구라는 인식이 전제되어 있는 한 이런 광기를 끌어낼 수 없기 때문이다. 그러므로 도구주의는 제삼자의 신앙과 종교를 평가하는 이론일 수는 있지만 적어도 도구주의의 입장에서 신앙을 권유하는 데는 전혀 효과적이지 못하다.

5

종교 없는
종교

1 하이데거의 존재론과 부정신학

현대 철학의 거목이라 할 수 있는 하이데거Martin Heidegger, 1889~1976
는 자신의 저작을 통해 한 번도 신을 철학적 주제로 다루지 않았
다. 그의 철학적 화두는 늘 존재의 의미와 진리였다. 그는 기독교
신학과 철학적 신학이 어떻게 전개되어왔는지를 아는 사람이라
면 신에 관해서 침묵할 것이라 말한 바 있다. 그래서였는지 그는
자신의 철학에서 탈신론적인 사유를 전개하였다.

형이상학이란 모든 존재하는 것 즉 존재자Seiendes를 그것의 존
재를 가능하게 한 그 근거로부터 설명하려는 학문이라고 정의
할 수 있다. 전통 형이상학은 신을 모든 존재자의 근원으로 여겼
기에 존재 – 신 – 학이라고 말할 수 있다. 이 존재신학에서 신은
고대 그리스 철학 이래 제일원인causa prima, 자기원인causa sui, 최종

원인ultima causa으로서 간주되고 있는데, 신이 이처럼 존재의 제일 원인으로 여겨지는 한 그것 또한 그것이 설명하는 다른 존재자들처럼 한낱 존재자일 수밖에 없다. 따라서 신을 들어 존재자들의 존재를 설명하는 것은 특정 존재자를 들어 존재Sein를 해명하는 것으로서 이 같은 방식으로는 결코 존재가 해명되지 않는다. 왜냐하면 존재자들의 존재를 설명하기 위해 도입된 그 존재자의 존재 또한 해명이 요구되기 때문이다. 그러기에 신이 이 세계를 창조했다는 말을 들을 때면 '그 신은 어떻게 해서 존재하게 된 것일까?'라는 의문이 자연스럽게 떠오르는 것이다.

초대 교회는 하느님이 이 세상을 창조했다는 성서적 사실을 해명하기 위해 신을 그리스의 형이상학에서 나오는 부동의 원동자이자 제일원인으로 만들어버렸다. 하이데거는 이런 식의 해결책, 즉 존재자와 존재의 존재론적 차이를 생각해보지 않고 무작정 존재자를 또 다른 존재자로 해명하려고 했던 전통 형이상학 즉 존재신학은 해체되어야 한다고 말한다.

하이데거가 존재신학의 해체를 주장하는 데는 또 다른 이유가 있다. 바로 존재신학의 무익성 때문이다. 하이데거는 존재신학에서 논증하려는 신이 과연 사람들의 기도나 숭배의 대상이 되는 종교의 신이 될 수 있는지 의문을 던진다.

이러한 신에게 인간은 기도할 수도 없고 제물을 드릴 수도 없다. 자기원인 앞에서 인간은 경외하는 마음으로 무릎을 꿇을 수도 없고, 또 이러한 신 앞에서 음악을 연주하거나 춤을 출 수도 없다. 그러므로 철학의 신, 다시 말해 자기원인으로서의 신을 포기할 수밖에 없는 신-없는 사유das gott-lose Denken가 아마도 신적인 신der göttliche Gott에 더 가까울 것이다.[1]

그렇다면 하이데거가 여기서 말하는 신 없는 사유 즉 탈신론적 사유는 어떻게 참다운 신적인 신에 다가갈 수 있는 것일까? 이를 위해서는 무엇보다 먼저 신을 사변적 즉 이성적이고 논리적으로 해석하거나 규정하려는 과거의 형이상학적인 접근을 그만두어야 한다. 과거 형이상학에서 제시된 신의 개념은 존재를 근원적으로 해명하기 위해 제시한 잘못된 해결책인 것이다. 하이데거에게 참다운 신적인 신이란 형이상학에서 말하는 이른바 모든 존재자의 존재를 설명하기 위해 도입된 근원적인 존재자 즉 최고의 존재자가 아니며 존재자와 구별되는 존재 자체도 아니다. 오히려 신적인 신은 존재를 넘어서 존재 밖에 있다. 그렇기에 우리는 신의 본질이 무엇인지 알 수 없으며 한 걸음 더 나아가 신의 죽음이나 비존재를 포함해 신의 본질에 관해 지금까지 논의해왔던 모든 신론을 폐기해야만 한다. 그럼에도 우리가 신적인 신에 다가가기 위한 노력을 계속한다면 그 길은 존재를 거쳐 가는 우회로밖에 없다.

하이데거에 따르면, 존재란 세계 속 거기에 살고 있는 존재인 현존재_{Da Sein}에 의해 이해될 수 있는 대상이 아니다. 오히려 역으로 존재가 현존재를 통해 자신을 드러내고 있다. 왜냐하면 현존재란 바로 존재가 현현하는 곳 또는 존재가 밝아오는 장소이기 때문이다. 요컨대 존재가 바로 현존재의 시원_{始原的} 본질인 것이다. 그럼에도 우리는 무상한 존재자에 사로잡혀 자신의 시원적 본질인 이 존재를 망각한 채 살아가고 있다. 그러기에 하이데거는 고향을 상실하고 암흑 속에서 살아가는 우리가 구원을 받는 길은 존재가 현존재를 통해 자신을 스스로 드러낼 때이며 이때 우리는 존재적으로는 말할 수 없는 신적인 신의 드러남을 경험하게 된다고 말한다.

존재가 아닌 존재자에 함몰된 전통 형이상학에 대한 하이데거의 논리 정연한 비판은 일견 초대 교회 시절의 부정신학negative theology을 연상시킨다. 초대 교회의 위偽디오니시우스Pseudo-Dionysius, 5~6세기?는 신은 인간의 생각과 말을 초월하기에 어떤 술어적 표현으로도 설명할 수 없다고 말했다. 다시 말해서, 신은 인간의 생각이나 말로는 접근할 수 없는 즉 알 수 없는 신비적 어두움the mysterious darkness of unknowing 속에 파묻혀 있다는 것이다.[2] 그러나 하이데거의 사상적 계보를 잇는 데리다는 신을 개념화하고 규정하는 것을 반대하는 부정신학에 대해 비판적인 입장을 취한다. 그가 부정신학에 대해 비판적인 것은 부정신학이 실상은 긍정신학positive theology에서 논의되고 있는 신에 대한 개념을 넘어서 더 높은 신적 존재가 있음을 전제하고 이를 찾고자 하는 일종의 위장된 긍정신학이라고 생각했기 때문이다. 장 뤽 마리온Jean Luc Marion, 1946~은 데리다의 이런 비판에 동의하지 않는다. 다시 말해 부정신학은 긍정신학의 부정을 통해 신의 존재를 찾으려는 것이 아니라 신을 지칭하는 닫힌 개념신에 대한 한정된 의미 부여과 그 개념을 사용해서 내린 신에 대한 정의를 부정함으로써 새로운 가능성을 열어놓고 있다고 말한다.[3] 이런 관점에서 부정신학을 본다면 부정신학은 하이데거의 견해와 별반 다르지 않아 보인다. 그러나 하이데거나 위디오니시우스의 부정신학에 대한 마리온의 옹호에 대해 데리다는 여전히 비판적이다. 부정신학은 긍정과 부정을 변증법적으로 지양하는 최고의 존재자를 암암리에 전제하고 있으며, 이는 의미의 근원으로 언어 외적인 존재를 전제로 하고 있는 현전現前의 형이상학the metaphysics of presence을 벗어나지 못한 사고라는 것이다.

145

2

데리다의 해체철학과
'종교 없는 종교'

전통적으로 언어는 실재세계를 나타내거나 개인의 주관적 생각과 정서를 표현하는 도구로 간주되어왔다. 따라서 언어의 의미는 언어 밖에 존재하는 실재세계나 우리의 의식 속의 관념 또는 초월적 실재에 의미의 근원이 있다고 생각해왔다. 그런데 이러한 언어관에 의문을 던진 언어학자가 있었으니 바로 그가 20세기 언어학의 시조라 불리는 스위스의 언어학자 소쉬르Ferdinand de Saussure, 1857~1913다. 그는 언어학적 기호를 소리와 개념의 관계 즉 능기와 소기 또는 기표와 기의의 결합으로 생각했는데, 기표란 의미를 전달하는 수단으로 음성표현, 시각적 이미지, 소리, 몸짓 등을 말하며, 기의란 기표가 전달하는 의미이다. 언어의 기본 단위는 소리와 개념 즉 능기와 소기의 결합으로 이루어진 기호라는 것이다. 언어학적 기호의 의미는 능기와 소기 간의 자의적인 결합을 통해서 언어체계 그 자체 안에서 결정되고, 개별적 기호의 의미도 언어체계 내의 다른 기호들과의 차이에서 온다고 보았으므로 이제 언어적 기호는 언어체계 밖에 존재하는 그 어떠한 지시 대상도 고려할 필요가 없게 되었다. 이처럼 특정 어휘의 의미는 언어체계 내의 다른 어휘들과 어떻게 변별되고 대립되는가에 따라 결정된다고 주장하는 언어관을 구조주의 언어학이라고 하는데 이것을 수용해 존재신학으로 특징지을 수 있는 전통 형이상학을 비판한 철학자가 바로 자크 데리다이다.

데리다에 따르면, 의미는 다른 기호들과의 공간적 차이spatial difference와 시간적 지연temporal deferment에 의해 영향을 받기 때문에 절대적으로 확실한 의미는 있을 수 없으며 의미는 능기의 연쇄에 의해 끝없이 지연되는 것이다. 다시 말해, 지금[現] 여기에[前] 현현하는 고정된 의미의 중심이 있는 것이 아니다.[4] 모든 능기에는 고정된 소기또는 의미의 중심가 있다는 주장은 공간적 차이와 시간적 지연을 동시에 나타내는 개념인 차연差延, differánce을 파악하지 못한 데서 비롯한 환상일 뿐이다. 이런 관점에서 볼 때 전통적인 서구의 형이상학은 전혀 근거가 없는 최초의 순수한 내면의 즉각적이고, 자연적이며, 직접적인 의미에서 '최초 기표의 기표the signifer of the first signifer'에 의존하게 되는데 이는 스스로 현존하는 음성으로부터 표상된 것이다. 그러나 데리다는 어떠한 초월적 기의도 인정하지 않는다.

데리다에게는 오직 기표와 기의 그리고 현존과 부재의 이원론적인 기반에 호소하지 않는 차연만이 진실이다. 그러므로 차연은 신의 이름이나 신의 존재를 지칭하지 않는 신학을 요구한다. 시라큐스 대학의 종교철학 교수인 존 카푸토John Caputo, 1940~는 『자크 데리다의 기도와 눈물』에서 '종교 없는 종교', '교리 없는 종교' 또는 '종교 이전의 종교'라는 해체론 시대의 새로운 종교의 가능성을 파악한다. 그에 따르면, 인간이 자신의 이성의 논리와 힘으로 구축한 구조와 시스템의 완전성과 절대성은 차연이라는 개념을 통해 해체되는데, 인간에 의해 구조화된 종교 역시 해체의 대상이 된다. 종교란 실상 신의 작품이라기보다는 인간의 작품이기에 해체는 인류의 역사 속에 구속과 폭력으로 점철되어왔던 구조화된 기성 종교를 배격하고 신에게서 오는 초월적 명령과 계시의 가능성을 열어놓는 것이다.

이 책에서 카푸토는 오늘날 교리적인 내용으로 표현되고 있는 타락한 종교성과는 달리 미래에 대한 기대와 열정으로 요약되는 인류의 순수한 종교성의 회복을 데리다의 해체론에서 발견한다. 카푸토는 데리다의 해체론에는 말로 표현할 수 없는 전적인 타자의 도래에 대한 열망과 이러한 열망이 사라져버린 세계를 향한 경종이 담겨 있다고 말한다. 카푸토의 설명에 따르면, 데리다는 자신의 해체를, 절대적인 것에 안주하려는 태도에서 벗어나 타자의 참된 타자성을 파괴하는 온갖 도그마로부터 탈주를 의미하는 것으로 규정하고 이를 유대교의 종교적 의식인 할례에 비유하고 있다. 할례란 잘림을 의미하는데 이 잘림은 단절과 분리를 의미하는 동시에 다른 한편에서는 전통의 계승을 의미한다. 그런 점에서 데리다가 해체를 할례로 비유하는 것은 해체를 통해 기성 종교로부터 단절을 시도하면서도 다른 한편에서는 참된 종교성의 계승을 원하고 있음을 보여주는 것이다.[5]

카푸토는 데리다의 차연 이론을 통해 이른바 신학적 해석학을 전개하고 있는 것이며 그는 여기서 데리다의 종교성을 찾고 있다. 카푸토에 따르면, 하느님으로부터 기인되는 사건은 힘, 이성, 질서, 동일성을 선호하는 세상의 논리를 따라 도래하는 것이 아니라 오히려 이러한 세상의 논리와 대립하는 불가능성과 불가능한 것으로 도래한다. 이는 하느님이 기득권자들이 누리는 세상의 기존 질서를 정당화하기 위한 이념적 도구 또는 토대일 수 없음을 그리고 하느님은 그런 기득권자들의 기존 질서와 논리를 전복하는 일견 불가능한 사건의 도래 가운데 계심을 보여주는 것이다. 힘, 능력, 질서, 논리를 지향하는 세속 왕국과 달리 연약함, 무능력, 혼돈, 모순을 지향하는 하느님의 나라를 카푸토는 이른바 '차연의 왕국'이라 부른다. 이 차연의 왕국은 세속의 왕국에서 밀려난 자들 즉 실패한 자, 소외된 자, 나약한 자들을 위한 은총의 나라이다. 왜냐하면 하느님은 부패한 세상의 질서를 유지하는 존재가 아니라 오히려 그 질서를 뒤흔들어 새로운 질서를 만드시는 존재이기 때문이다.

하느님은 세계의 질서를 품고 있는 주권자로 인식될 수 없음을, 오히려 무질서하게 하고 세계를 비세계화하는 분임을, 그리고 우주의 모든 것을 혼란스러우며 정의로운 종말을 위해 일하시는 분임을 가정해보라. 하느님의 주권은 존재 · 신학 · 정치적 체계를 위한 단단한 바위와 같은 토대로 인식될 수 없음을, 오히려 차이 나는 주변부적 존재자들과 반사회적인 자들, 추방당한 자들, 사원에서 길고 멋진 옷을 입은 자가 아닌 벌거벗은 자와 우리 가운데 지극히 소외된 자와 가난한 자와 흙에 묻혀 사는 천더기와 조직적으로 연루되어 있음을 가정해보라. 그래서 하느님은 전복적이며 혁명적인 충격으로 인식되어야 함을 가정해보라. 현전을 유지하는 중심에 선 존재가 아닌 혁명적 시대의 전복하는 자들의 가장자리에 숨어 계신 하느님을 가정해보라.[6]

결국 카푸토가 하느님 나라를 차연의 왕국으로 해석하는 것은 하느님을 기득권자들의 세계를 지지하고 후원하는 이념적인 토대로 보지 말고 전적인 타자로 볼 것을 촉구하고 있는 것이다. 이는 하느님에 대한 신앙이 인식과 논리의 차원에서가 아닌 실천과 윤리의 차원에서 이루어져야 함을 이야기하고 있는 것이다.

카푸토는 미래를 두 가지로 구분한다. 하나는 우리가 계획하는 미래 즉 상대적으로 예측이 가능한 미래이고 다른 하나는 우리의 힘과 잠재력을 초월해 우리가 전혀 예측할 수 없는 미래다. 카푸토는 전자를 상대적 미래, 후자를 절대적 미래라 부르며 이 후자를 종교의 영역이라고 말한다. 사람들은 자신의 힘과 능력이 한계에 도달할 때 도저히 믿을 수 없는 것처럼 보이는 것 즉 불가능한 것을 믿도록 요청받는다. 이때 믿음, 소망, 사랑을 희구하며 무릎을 꿇고 기도하게 된다. 동정녀가 성모가 되고, 한마디 명령으로 산이 움직이며, 바다가 갈라지고, 죽은 자가 무덤에서 살아나고, 죄인들이 용서받고 새로운 사람이 되는 것과 같이 불가능한 것의 가능성을 믿는 것 그리고 불가능한 것의 가능성에 전율하게 되는 것이 바로 신앙인 것이다. 카푸토는 마르크스가 비록 혁명적 역사의 진보라는 이름하에 단호하게 종교의 무용성을 주장한 엄정한 사회과학자였지만 그 역시 유대인이었기에 자신도 모르게 유대교의 예언자적 전통메시아사상에 연결되어 있었다고 말한다. 마르크스의 정치경제학은 부자가 빈자를 수탈하기를 그치고, 그리하여 노동자가 자신의 노동과 노동생산품으로부터 소외되지 않은 인간화된 이상사회를 꿈꾸고 있는데 바로 이것은 메시아적 시대를 갈망하던 유대교의 열정과 열망이 다른 모습으로 나타난 것이라 볼 수 있다. 그런 점에서 마르크스의 정치경제학은 불가능한 것을 꿈꾸는 이른바 '종교 없는 종교'인 것이다.

카푸토는 성 아우구스티누스Aurelius Augustinus, 354~430의 『고백록』에 나오는 "내가 신을 사랑할 때 나는 무엇을 하는가?", "신이시여, 내가 당신을 사랑할 때 내가 사랑하는 것은 무엇입니까?"라는 두 고백의 내용을 합성하여 "내가 나의 신을 사랑할 때 나는 무엇을 사랑하는가?"라는 질문을 그의 종교철학의 화두로 삼고 있다. 그는 다음과 같이 말한다.

우리는 우리의 열정, 알지 못하는 것에 대한 열정, 신을 향한 열정과 사랑을 지닌 채로 존재하며, 이런 열정에 휩싸인 우리는 우리의 신을 사랑할 때 우리가 무엇을 사랑하는지 알지 못한다. 수많은 종교인들은 열정은 못으로 박힌 듯 고정되고 확고해야 하며, 열정이 자신의 머리를 쳐들어 어디로 향하는지 알아야 하며, 알지 못하는 것에 대한 열정으로는 문제가 야기될 수밖에 없다고 생각한다. 나는 그들이 향하는 방향을 알고자 하는 열정에 반대하거나 그들이 나름의 입지를 갖고 있다는 점을 부인하지는 않지만 그것이 가장

심오하고 흥미로운 것이라고는 생각하지 않는다. …… 나의 견해로
는 최상의 열정은 알지 못하는 것에 의해 추진된다. …… 열정은 신
앙에 의존하고, 신앙은 일종의 열정이다. 열정은 신앙에 의해 인도
되고, 신앙은 열정에 의해 추진력을 얻으며, 이러한 열정적 신앙은
삶에 소금이 된다.[7]

진정으로 종교적이 되는 종교적 진리는 암송해야 할 교리가
아니라 지금 당장 취해야 할 행동이다. 종교적 진리란 진정으로
하느님을 사랑하는 것이며 이는 모든 대안적 설명을 한순간에
그릇된 것으로 폐기하게 만드는 올바른 과학적 이론을 갖는 것
과 같은 것이 아니다. 다시 말해 종교적 진리란 다른 사람들에게
는 결여된 인지적, 인식론적인 명제적 정보를 특권적으로 또는
독점적으로 향유한다고 주장하지 않는 진리 즉 '지식 없는 진리'
이다. 따라서 종교적 진리는 인식적 차원의 진리가 아닌 실천적
차원의 진리인 것이다.

모든 사람들은 자신들의 종교가 하늘에서 떨어졌다고 믿는
다. 그러나 카푸토는 하늘에서 떨어졌다고 말할 수 있는 것은 오
직 신의 사랑뿐이며, 이 사랑은 "내가 나의 신을 사랑할 때 나는
무엇을 사랑하는가?"라는 질문의 형태로 하늘에서 하강한 것이
라고 말한다. 하늘에서 하강한 것은 나의 믿음을 정당화하기 위

해 신이 내게 제공한 종교적 교리가 아니라 그가 내게 던진 질문 뿐이다. 그 질문은 영원히 열린 질문이며 그 질문에 말이 아닌 몸으로 응답하는 것이 바로 신앙인 것이다. 그러므로 카푸토는 말한다. 신의 이름은 영원히 열려 있는 질문의 이름이라고. 신의 이름은 무한한 질문성, 끊임없이 질문 가능한 것의 이름이다. "내가 나의 신을 사랑할 때 나는 무엇을 사랑하는가?" 여기서 그 무엇은 늘 열려 있으며, 그 무엇은 어떻게 사랑해야 하느냐로 열려 있다.

사람들이 신을 사랑한다고 말할 때, 그들이 구체적으로 무엇을 사랑하는지 아는 사람은 아무도 없다. 그런데 역설적으로도 이것이 바로 신앙의 조건이며, 신앙이 지식이 아닌 이유이며, 종교가 '지식 없는 진리'인 까닭이다. 그렇기에 카푸토는 '종교 없는 종교'를 말하고 있다. 영화 〈흐르는 강물처럼〉에서 하느님을 믿지 않았고, 하느님의 말씀대로 살지 않았고, 늘 도박과 술로 젊은 날을 허송세월하다가 도박장에서 허무하게 총에 맞아 숨진 아들의 장례식을 치르고 난 후, 목사인 늙은 아버지는 설교단에서 눈물을 흘리며 "우리는 서로 이해할 수 없어도 사랑할 수 있다"고 말한다. 신앙을 갖는다는 것은 신을 사랑하는 것이다. 그러나 눈에 보이지 않는 신을 어떻게 사랑해야 한다는 말인가? 신을 사랑하는 것이 주일마다 교회를 찾고, 헌금을 내고, 종교적 교리에 대해 절대 타협 없는 믿음과 순종을 보이는 것일까? 아니다. 신을 사랑하는 것은 사랑의 실천을 통해 정의가 강물처럼 이 땅 위에 넘쳐흐르게 하는 것이다.[8]

카푸토는 하느님을 사랑하는 것은 제물을 불에 태우거나 엄숙한 의식 또는 집회를 갖는 것이 아니라 정의를 실천하는 행동이라고 말한다. 이는 흡사 장기판에서 사용하는 말들의 의미가 각각 어느 특정한 의미체를 지시하는 것이 아니라 행마법行馬法이듯이 신의 의미 역시 그 무엇이 아닌 '어떻게'에서 찾아야 한다는 것이다. "하느님은 사랑이시라, 사랑 안에 거하는 자는 하느님 안에 거하고 하느님도 그 안에 거하시느니라"「요한1서」 4:16는 성서의 말씀처럼 신의 의미란 사랑을 향한 수없이 다양한 행동들 즉 실천들이며, 신의 의미는 특정 종교에 의해 규정되거나 정의될 수 없는 것이다. 그러기에 성서는 "진리가 너희를 자유케 하리라"「요한복음」 8:32고 말하고 있다.

3 약한 사고와 비종교적 기독교

이탈리아의 대표적인 포스트모더니즘 신학자 잔니 바티모Gianni Vattimo, 1936~ 는 카푸토와 같이 '종교 없는 종교', '교리 없는 종교'를 이야기한다.

예수에 따르면, 우리를 자유케 하리라는 진리는 과학이나 신학의 객관적 진리가 아니다. 게다가 성서는 우주론에 대한 전문서적 또는 인류학이나 신학의 입문서가 아니다. 성서의 계시는 마치 우리가 그것에 대한 진리를 알기라도 하면 구원을 받는 것처럼 우리가 어떤 존재인지, 신은 무엇과 같은지, 사물의 본성이나 기하학의 법칙이 무엇인지를 알려주기 위해 전달된 것이 아니다. 성서에 의해 우리에게 계시된 유일한 진리, 즉 아무리 시간이 흘러도 결코 비신화화될 수 없는 유일한 진리—그것은 실험적이거나, 논리적이거나 또는 형이상학적인 진술이 아니라 실천에 대한 요청이기에—는 사랑과 자애의 진리이다.[9]

성서적 계시는 신이 어떻게 생겨났는지, 인간은 어떤 존재인지, 그리고 이러한 진리로 우리가 어떻게 구원을 받게 되는지 아무런 설명도 하지 않는다. 성서가 우리에게 계시하는 진리가 있다면 그것은 오직 사랑하고, 자비를 베풀라는 실천적 요청뿐이라는 것이 바티모의 주장이다. 바로 이 점에서 그 역시 카푸토처럼 형이상학적 진리라고 주장하는 종교적 교리에 기초한 기성 종교를 해체하고 있다.[10]

바티모는 "우리를 자유케 하는 진리는 그것이 우리를 자유롭게 하기에 진리다. 만약 그것이 우리를 자유롭게 하지 못한다면 우리는 당연히 그것을 집어 던져버려야 한다"[11]고 말한다. 바티모에 따르면, 서구의 형이상학은 토대주의foundationalism에 사로잡혀 진리의 절대성 즉 절대적 진리를 주장해왔다. 그러나 토대주의에 기초한 서구 형이상학은 절대적 진리를 주장함으로써 자유를 확보했다기보다는 오히려 자유로부터 더 멀어졌다. 누군가가 자신의 생각이나 견해를 절대적으로 참이라고 주장하는 경우 그 이면에는 그 주장을 통해 상대를 예속하거나 구속하려는 저의가 담겨 있기에 실상 토대주의는 자유를 확장하기보다는 어떤 의도하는 결과를 얻거나 또는 기존하는 권위를 공고화하는 데 이용될 뿐이다.

『근대성의 종말』1985에서 바티모는 근대성의 종말을 '약한 사고 pensiero debole' 또는 '약한 존재론'의 출현으로 설명하고 있다. '약한 사고', '약한 존재론'이란 보편적이며, 자기중심적이며, 공격적으로 절대적 진리를 주장하는 서구의 전통 형이상학을 해체하려는 탈근대적인 사고방식을 가리키는 말이다. 바티모에 따르면, 존재란 하나의 사건이다. 그렇기에 존재는 언제나 특정한 상황 즉 역사 안에서 타자와의 관계성을 통해 자리가 정해지고 그것과의 관계를 통해 변화한다. 그런데도 존재의 시공간적 위치를 불변하는 것으로 간주하고 존재에 관한 보편적이며 절대적인 진리를 주장하는 것이 '강한 사고pensiero forte'이다. 강한 사고는 모든 것을 진리와 거짓으로 양분하는 절대적 진리를 주장함으로써 온갖 분쟁을 야기해왔으며 진리라는 이름으로 폭력과 불의를 자행해왔다. 따라서 강한 사고는 절대적 진리를 포기하는 약한 사고로 대체되어야 하는 것이다. 바티모는 우리를 이러한 약한 사고로 이끄는 것이 바로 해석학이라고 말한다.

그러나 전통 형이상학의 해체를 시도하는 바티모의 해석학에 대해 기독교계는 우려의 시선을 보낸다. 교황 요한 바오로 2세는

회칙 「신앙과 이성」을 통해 다음과 같이 우려를 표하고 있다.

현대의 철학적 탐구는 존재에 대한 탐구를 포기하는 대신에 인간의
지식에 관심을 집중하고 있다. 진리를 인식하는 인간의 능력을 활
용하는 대신에 현대 철학은 이 능력이 제한되어 있고, 조건화되어
있음을 강조한다. 이는 상이한 형태의 불가지론과 상대주의를 낳
고 있으며 이것은 폭넓게 확산되고 있는 회의주의라는 사막에서 철
학으로 하여금 길을 잃게 한다. 요즘은 확실한 것으로 판단되어오
던 진리조차도 평가절하 하는 다양한 이론들이 눈에 띄게 나타나고
있다. 이 같은 다양성에 대한 정당화는 모든 입장은 동등하게 타당
하다는 가정에서 출발하는 무차별적인 다원주의를 야기했는데, 이
는 진리에 대한 확신이 결여되어 있음을 보여주는 오늘날 가장 명
백한 징표이다. …… 그러므로 우리는 오늘날 평범한 사람들 사이
에서 지식을 향한 인간의 위대한 능력에 대한 불신이 확산되고 있
음을 보게 된다. 그릇된 겸손함을 갖게 된 사람들은 부분적이고 잠
정적인 진리에 만족해하며 개인적이며 사회적인 존재인 인간의 의
미와 궁극적 토대에 대해 더는 근본적 질문을 하지 않게 되었다. 요
컨대, 철학이 이들 문제에 대해 명확한 답변을 할 수 있다는 희망은
점차 사라질 것이다.[12]

요한 바오로 2세의 지적처럼 포스트모던 철학해석학, 신실용주의, 해체론 등의 확산으로 인해 야기된 객관적인 진리에 대한 확신의 결여는 기성 종교계의 관점에서 볼 때 심히 우려스러운 일이 아닐수 없을 것이다. 왜냐하면 그것이 절대적 진리인 종교적 진리를 해체하는 세속화로 가는 출발점이 될 것으로 보기 때문이다. 그러나 바티모의 관점에서 볼 때 절대적 확실성, 완벽하게 정초된 지식, 합리적으로 정돈된 세계에 대한 인류의 이상理想은 자연의 위력 앞에서 두려워 떨며 자신들을 지켜줄 신들을 창조했던 고대인들에게나 어울리는 신화에 불과한 것이다. 형이상학의 해체는 바로 이런 신화의 해체를 의미하는 것이다. 이제 인류는 이런 신화에 대한 강박관념으로부터 벗어나야 한다는 것이다. 바티모에 따르면, 성서 속에 담긴 신화의 의미를 재해석하고 이를 통해 종교를 새롭게 정당화하는 것은 진리에 대한 반反형이상학적인 태도를 견지하는 해석학의 관점에서만 가능하다. 바티모는 해석학을 통해 종교를 재해석하는 것은 오늘날 독선과 배타성 그리고 폭력으로부터 기독교를 구하는 길이라 여긴다.

교회가 자연형이상학자연신학과 문자주의에 사로잡혀 있는 한 기독교의 다른 종파나 다른 세계종교와 자유롭고 우호적인 대화를 결코할 수 없다. 인류 역사의 초기에 존재했던 유치한 근본주의로 돌아가지 않고 보편적 소명을 다하기 위해서 교회가 할 수 있는 유일한 선택은 복음의 메시지를 객관성에 대한 모든 주장을 해체하는 원리로 수용하는 것이다. 그리스도가 부활했음을 알고 있기에 우리가 복음을 믿는 것이 아니라 우리가 복음으로 그것을 들었기에 그리스도가 부활했음을 믿는다고 말해야 하는 것이다. …… 기독교는 무엇보다도 실재를 우리 눈앞에 펼쳐진 사물의 세계로 보지 않는 경우에만 이해될 수 있다. 구원의 메시지로서 기독교의 의미는 무엇보다도 실재에 대한 독선적 주장들을 해체하는 데 있다. "사망아 너의 승리가 어디 있느냐?"는 바울의 말은 실재론을 단적으로 부정하는 것으로 받아들일 수 있다.[13]

해석학이란 인간의 역사성과 유한성을 인식하는 데서부터 출발한다. 역사적이며 구체적인 우리의 실존적 조건을 설명하려고 할 때 우리는 오랫동안 몸담아온 기독교적 전통을 떠나서는 이를 설명할 수 없음을 깨닫게 된다. 거대담론metanarratives이 해체되고, 객관적 지식을 포함해 모든 권위가 비신화화되고 있는 오늘날, 기독교 문명권에서 태어나고 성장한 바티모는 탈형이상학적 종교를 언급하는 데서 서구 역사의 한 축이 되어온 기독교적 전통을 떠나서는 종교를 말할 수 없다고 말한다. 호메로스, 셰익스피어, 단테가 없는 서구 문학을 생각할 수 없듯이, 서구의 종교

종교 없는 종교

역시 기독교를 빼놓고는 생각할 수 없다는 것이다. 그러므로 적어도 오랫동안 기독교를 수용해온 문화권에서 인류의 참된 구원을 위해 반형이상학적인 종교를 모색한다면 기독교의 계시에 주목하고, 그것을 재해석하는 데 관심을 기울이지 않을 수 없다. 바티모는 신의 육화肉化, 그리스도의 탄생와 신의 죽음십자가 사건을 자기 비움kenosis의 메시지로 해석하며, 여기서 인류를 구원할 실천적 진리인 사랑과 자비를 이끌어내고자 한다. 이처럼 기독교적 계시에 대한 재해석을 통해 기독교를 인류의 보편적 에토스를 정초하는 보편적 종교로 만들 수 있다는 것이 바티모의 주장이다.[14]

바티모의 주장처럼, 기독교에 의해 영향을 받아온 문명권에서 살고 있는 사람들은 기독교를 벗어나 종교를 생각할 수는 없을 것이다. 철학과 과학 또한 기독교를 떠나 이야기할 수 없다. 기독교에 대한 언급 없이 서양 철학을 논할 수 없고, 근대 과학의 태동을 설명할 수 없다. 중세 내내 철학은 일종의 자연신학이었으며 근대 과학은 기독교 세계관과의 갈등과 타협을 통해 발전되어왔다. 기독교와는 한참이나 거리가 먼 듯 보였던 자본주의조차도 종교개혁자들의 종교적 이상을 기초로 하고 있다. 막스 베버에 따르면 근면, 극기, 검약, 욕망의 절제 같은 프로테스탄트의 덕목이 바로 자본주의를 가능하게 했다. 게다가 종교에 적대적이었던 카를 마르크스도 유대인답게 그의 공산주의 사상에는 메

자기 비움과 종교의 세속화

바티모는 신의 육화와 신의 죽음을 자기 비움의 메시지로 해석하며, 이를 통해 인류를 구원할 실천적 진리로서 사랑과 자비를 이끌어낸다. 이 같은 자기 비움의 메시지는 절대적 진리를 주장하는 근거이자, 진리의 확고한 토대였던 신을 해체하는 세속화의 길이다. 그러나 역설적으로 이 세속화의 길은 이 땅에 기독교의 정신인 사랑과 자비를 구현하는 '종교 없는 종교'의 출발점이 된다는 측면에서 속이 아닌 성으로 가는 의미 있는 출발점인 것이다. 루벤스, 〈십자가에서 내려지는 예수〉(부분, 17세기경).

시아사상이 담겨 있다. 현대의 서구 세계는 이처럼 일차적으로 기독교의 유산이라 할 수 있는 것들을 변형하여 수용함으로써 발전해왔다. 그러므로 기독교가 추구하는 해방과 구원은 카푸토나 바티모가 하는 것처럼 성서의 영적 의미에 대한 참된 이해를 도모하는 다양한 해석을 통해 이루어질 수 있다. 물론 이때 모든 해석이 허용되는 것은 아니며 해석에는 일정한 지침이 있는데 바로 그것이 기독교의 핵심 메시지라 할 수 있는 자비 또는 사랑이다. 사랑의 원리하에서 이루어지는 성서의 의미에 대한 재해석의 과정은 그동안 절대적 진리라는 성채에 들어앉아 독선과 폭력을 행사해온 기성 종교를 해체하고 인류의 보편적 에토스인 사랑을 정초하는 비종교적인 기독교nonreligious Christianity로 거듭나게 하려는 시도인 것이다.

바티모의 『신의 죽음 이후』에는 「비종교적인 기독교를 향하여」라는 글이 있는데 여기서 언급된 비종교적인 기독교란 앞서 말한 카푸토의 '종교 없는 종교'와 같은 것임을 쉽게 알 수 있다. 그는 비종교적인 기독교를 다음과 같이 설명한다.

기독교의 미래, 그리고 또한 교회의 미래는 항상 좀 더 정화된 모습의 순수한 사랑의 종교가 되는 것이다. 이 점을 간결하게 이야기하는 찬송가가 있다. "사랑이 있는 곳에는 언제나 하느님이 계시네"라는 찬송가의 가사는 우리가 이 점을 얼마나 깨닫지 못하고 있는가를 보여준다. 이 찬송가의 가사가 보여주는 바처럼 기독교에 대한 나의 해석은 사실상 낯선 것도 비정통적인 것도 아니다. "너희 두세 사람이 나의 이름으로 모이면 내가 그들과 함께 하리다"는 그리스도의 말씀처럼 자비는 하느님의 현존인 것이다. (나는 그리스도가 "나의 이름으로"라고 말할 때 그가 자비를 의미한 것이 아닌가 생각한다.) 종말에 어떤 사람이 단지 불교 신자나 무슬림이라는 이유로 저주를 받을 것이라고 생각하지 않는다. 그와는 반대로 우리가 저마다 하나의 참된 신이 있다고 믿으면서 서로 싸운다면 오히려 저주를 받을 것이라(정확하게 말하면 이 땅에서 우리가 우리 자신을 저주하고 있는 것이다.) 생각한다.[15]

바티모에 따르면, 성서가 우리에게 계시하는 유일한 진리는 사랑과 자비에 대한 실천적 요청이다. 바로 이 점에서 기독교의 참된 진리는 진리라는 형이상학적 개념에 대한 해체를 요구한다. 절대적 진리의 안정된 토대로서의 신을 해체할 때 비로소 사랑과 자비 그리고 정의가 강처럼 흐르는 하느님의 나라가 이 땅에 실현될 수 있는 것이다. 신이 객관적이고 보편적이며 절대적인 진리를 잠언의 형식으로 계시한다고 보는 전통적인 기독교와 계시적 진리를 이성적으로 합리화하려던 전통 철학 즉 형이

종교 없는 종교

상학의 오랜 결탁은 지난 2,000년간 이 땅에 종교적 진리라는 이름으로 독선과 폭력을 자행해왔다. 과거 우리를 자유롭게 한다던 기독교의 진리는 오늘날 기독교의 역사가 증거하듯이 우리를 자유롭게 하기보다는 오히려 우리를 구속하고 억압해왔다. 그러나 이제야말로 진리가 우리를 자유롭게 할 때가 온 것이다. 오늘날 우리는 과학을 내세워 종교를 미신으로 배척하는 무신론자가 되거나 아니면 형이상학을 내세워 과학을 현대인의 바알 신앙으로 간주해 배척하는 유신론자가 되거나 하는 양자택일의 기로에서 있지 않다. 바티모에 따르면, 우리들 대부분은 무신론자나 유신론자 중 하나를 선택할 수 있을 만큼 강한 이성 즉 강한 사고를 갖고 있지 못하다. 그렇기에 우리는 약한 사고를 지닌 나약한 인간답게 강한 사고를 내려놓고 우리 자신을 비워야 한다. 이 같은 비움은 절대적 진리를 주장하는 근거이자 진리의 확고한 토대였던 신을 해체하는 세속화의 길이다. 그러나 역설적으로 이 세속화의 길은 이 땅에 기독교의 정신인 사랑과 자비를 구현하는 '종교 없는 종교'의 출발점이 된다는 점에서 속俗이 아닌 성聖으로 가는 의미 있는 출발점인 것이다.

6

에토스의
종교

1 '종교 없는 종교'를 넘어서

데리다, 카푸토, 바티모는 '종교 없는 신'과 '신 없는 종교'의 대립을 넘어서 이 둘을 변증법적으로 지양하는 '종교 없는 종교'를 이야기하고 있다. '종교 없는 신'과 '신 없는 종교'가 로고스의 차원에서 참된 종교를 찾았다면 '종교 없는 종교'는 파토스의 차원에서 참된 종교를 찾았다고 할 수 있다. 이들에게 종교는 인식의 문제가 아닌 실천의 문제였기에 종교란 이성이 아닌 감성의 차원에 속한 것이라 보았다. 그러나 '종교 없는 종교'가 이성을 외면하고 감성에만 호소할 때 그로부터 과연 제대로 된 실천이 나올 수 있을지 의문이 제기된다. 역사적으로 볼 때, 감성은 늘 광기와 폭력을 수반해왔기 때문이다. 그래서 감성을 제어하기 위해 늘 이성의 개입이 요구되었다. 그러나 카푸토나 바티모가 주장하듯이 강한 사고를 대체한 약한 사고 즉 약한 이성으로 과연 감성을 제대로 조절할 수 있을지 의문이 제기된다.

유대교의 전승을 따라 누구보다 종교성을 깊이 있게 이해하는 유대계 철학자 레비나스Emmanuel Levinas, 1906~1995는 로고스와 파토스가 각기 극단으로 치달으며 야기하는 문제점을 해결하기 위해 에토스에 주목한다. 그는 종교를 로고스나 파토스의 차원이 아닌 이들이 중첩되는 에토스의 차원에서 이해하려고 한다. 전통적으로 기독교 신학은 신을 최고의 존재자로 생각해왔다. 따라서 신은 완전자이자 지고至高의 존재자로서 존재 그 자체로 여겨졌다. 그러나 이처럼 신을 존재론적으로 고찰하는 것만이 신의 의미를 이해하는 유일한 방법일까? 혹시 고대 종교나 초대 교회에서 볼 수 있는 것처럼 신비적 체험이야말로 신을 이해하는 적절한 방식이 아닐까? 레비나스는 이 두 가지 방식 모두에 의문을 던진다. 그는 종래와는 전혀 다른 방식으로 신에 대한 이해를 시도한다. 그것은 바로 로고스와 파토스가 중첩되는 영역인 에토스의 영역에서 신을 이해하는 것이다. 그에 따르면, 인간이 신을 만나는 영역은 로고스도 아니고 파토스도 아닌 바로 에토스의 영역이라고 말한다. 종교를 이 에토스의 영역에 속한 것으로 이해할 때 비로소 '종교 없는 종교'가 제대로 된 의미 있는 종교적 실천을 이끌어낼 수 있다는 것이 레비나스의 생각이다.

레비나스의 타자의 철학은 데리다, 카푸토, 바티모처럼 '교리 없는 종교'를 주장한다는 점에서 그가 추구하는 종교 역시 일견 '종교 없는 종교'처럼 보인다. 그러나 그는 '종교 없는 종교'를 추구한 것이 아니라 유대교를 포함해 신비에 기반을 두고 인류에게 삶의 규범을 제시해왔던 모든 기성 종교의 복원을 추구하고 있다고 보아야 한다. 그 점에서 레비나스의 철학은 엘리아데가 말하는 성聖과 속俗이라는 두 가지 인간의 존재 양식 중에서 계몽주의 이후 우리가 상실한 성의 존재 양식의 참된 가치를 일깨우는 동시에 그것의 회복을 주장하고 있다고 볼 수 있다.

2

현대 종교의 동향
종교의 변증법

계몽주의 이후 오늘날까지 서양의 종교철학의 담론은 앞에서 논의한 바처럼 '종교 없는 신'과 '신 없는 종교'를 넘어 '종교 없는 종교'로 논의가 전개되어오고 있다. '종교 없는 종교'는 '종교 없는 신이신론'의 장점과 '신 없는 종교도구주의'의 장점을 결합한 것으로서 유신론이 야기하는 종교의 긍정적 기능을 수용하되 유신론이 야기하는 부정적 측면을 제거하려는 이른바 변증법적 지양止揚, aufhebung[1]의 소산이라 할 수 있다.

고대 종교에서는 교리나 의식보다는 신에 대한 믿음과 실천이 강조되었는데 기독교의 경우도 예외는 아니었다. 그러나 기독교가 기득권화하여 부패하기 시작하고, 신앙과 실천보다는 신학적 논쟁에 치중하게 되면서 교리나 제례가 강조되었다. 이에 대한 반발로 일어난 것이 바로 "오직 신앙으로sola fide"를 모토로 한 종교개혁이다. 종교개혁자들은 신앙을 강조하고 성령에 의한 성서 해석을 주장함으로써 성서에 대한 다양한 해석의 가능성을 열어놓았으나 수없이 많은 종교적 분파가 생겨나고 이로 말미암아 종교적 분쟁이 생기면서 종교인들의 관심은 "어떻게 사느냐"보다는 "무엇을 믿느냐"에 초점이 맞춰지게 되었다. 이는 종교개혁자들이 배격하고자 했던 교리와 의례에 대한 무의미한 논쟁으로 다시금 돌아가버린 역설적 결과였다. 20세기 가장 주목할 만한 종교학자인 윌프레드 캔트웰 스미스Wilfred Cantwell Smith, 1916~2000[2]에 따르면, 종교개혁 이후 서양에서 '종교'라는 말은 그것의 참된 의미였던 '경건piety'의 뜻은 사라지고 교리와 의례를 가리키는 말이 되었고 그와 더불어 신의 의미는 유한한 인간이 규정한 교리와 의례에 의해 규정되고 교조화되었다.[3] 그러나 유한한 인간이 어떻게 무한한 존재인 신을 규정할 수 있단 말인가? 16세기 종교개혁의 출발은 인간의 제한된 사고로 담아낼 수 없는 무한한 신을 인간의 사유와 욕망에서 해방시켜 진정한 신답게 복권하려는 것이었다. 그러나 종교개혁은 신 앞에서 경건한 삶을 추구하던 종교의 참모습으로 돌아가기보다는 종교를 교리와 의례의 체계로 변질시켰으며 끝없는 교리에 대한 논쟁과 다툼을 야기하고 말았던 것이다.

에토스의 종교

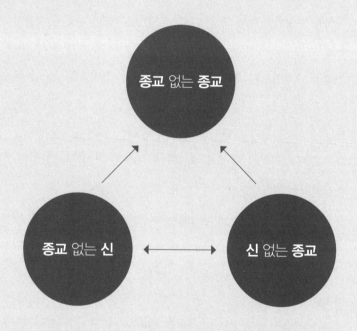

종교의 변증법

근대 계몽주의 이후 서양의 종교철학은 '종교 없는 신'과 '신 없는 종교'를 넘어 '종교 없는
종교'로 전개되어왔다. '종교 없는 종교'는 유신론의 부정적 측면을 제거하고 긍정적인 측면
을 수용함으로써 한 차원 높은 단계로 끌어올리려는 변증법적 지양의 소산이다.

초기 종교개혁자들의 생각처럼 신이 신답게 제자리를 찾고 그 신이 종교의 중심에 자리 잡아야만 비로소 종교는 잡다한 교리와 의례의 체계가 아닌 신과 인간의 관계가 된다. '종교Religion'라는 말의 어원이 함의하는 바처럼 종교란 신과 인간의 끊어진 관계를 다시re 잇는ligare 관계 회복을 의미한다. 레비나스에 따르면, 우리가 사는 이 세계는 신앙을 회복하도록 신이 만든 일종의 유배 장소이다. 그러기에 신이 자신의 모습을 감추고 직접적으로 그 모습을 드러내지 않는 부재의 공간이다. 성서를 보면, 신은 스스로 신처럼 지혜롭고자 한 인간, 다시 말해 스스로 신이 되고자 했던 인간을 지상으로 내쫓으면서 그 징벌로 여자에게는 출산을, 남자에게는 힘든 노동을 명했다.[4] 출산은 인간 삶의 유한함 즉 죽음을, 그리고 노동은 유한한 삶조차도 영위하기가 결코 쉽지 않은 고통임을 의미한다. 인간은 삶에서 직면하게 되는 수많은 고통과 죽음을 통해 자신의 유한함과 유한한 자신이 결코 신일 수 없음을 처절하게 깨닫게 되는데, 바로 이때 신과의 참된 만남이 이루어지며, 이 만남을 통해 신과의 관계 회복이 이루어질 수 있는 길이 열리는 것이다.

레비나스는 인류 최대의 비극적 참사인 홀로코스트Holocaust를 통해 인간의 고통과 죽음을 처절하게 체험한 사람이었기에[5] 누구보다도 신과 종교의 의미를 깊이 있게 성찰할 수 있었다. 그는 제2차 세계대전 이후 확산된 사신신학死神神學[6]처럼 신의 존재를 부인하고 예수의 인성人性과 실존적 삶만을 강조한 무신론적 그리스도교와는 달리 오히려 고통과 죽음 속에서 신에게 한 걸음 더 가까이 다가갔다. 즉 자아를 인식의 주체가 아닌 실천과 윤리의 주체로 일깨움으로써 세계와 타자에 대한 윤리적 실천을 명령하는 이른바 '에토스의 종교'를 이끌어냈다. 앞서 말했듯이 종교가 인간이 신과의 끊어진 관계를 다시 잇는 것이라면 신과 인간의 끊어진 관계를 회복시키는 윤리적인 삶이야말로 그 자체가 종교적인 삶인 것이다.

3

레비나스의 신정론과
타자의 얼굴

우리는 인간의 머리로는 도저히 이해할 수 없는 수없이 많은 세상의 고통을 목격하며 그것을 악이라 생각한다. 만약 고통과 악이 신의 뜻이라면 신은 선한 존재가 아닐 것이고, 신의 뜻이 아니라면 그는 전능한 존재가 아닐 것이다. 어떤 경우든 이 세상에 넘쳐 나는 고통과 악의 존재를 고려할 때 신은 선하지 않거나 전능하지 않을 것이다. 그 결과 종래 기독교 신학에서 말하던 것처럼 절대자이며 완전자인 신은 존재하지 않는다는 결론이 도출된다. 바로 이것이 고대 그리스 철학자 에피쿠로스Epicouros, 기원전 341~270가 전개한 악의 딜레마다.

고대부터 지금까지 신을 믿는다고 하는 사람들이라면 한 번쯤은 이 딜레마에 입각해 종교에 대한 심각한 회의에 빠졌던 적

에토스의 종교

이 있을 것이다. 열성적으로 신앙생활을 하던 사람이 어느 날 갑자기 닥친 불운으로 인해 이른바 시험신앙에 대한 회의에 드는 경우가 발생하는데, 이때 그 사람의 마음속에서 일어나는 회의가 바로 이 악의 딜레마인 것이다. 무엇이든 못할 것이 없는 전능全能한 존재이자 지극히 선한 존재인 신이 존재하고 그리고 내가 그 신을 믿는데, 어떻게 내게 이런 일이 일어날 수 있는지 의문이 일고, 이로부터 전능하고 전선한 신은 존재하지 않는 것이 아닌가 하는 깊은 회의에 빠지게 되는 것이다. 따라서 수많은 신학자와 종교인 들은 아주 오래전부터 호교적인 차원에서 이 딜레마를 해결하는 데 매달려왔으며 그것이 바로 신정론神正論, theodicy이다.

신정론은 기독교 신학의 가장 핵심적인 문제로서 신의 완전성과 선함을 훼손하지 않으면서 이 세상에서 인간이 직면하고 체험하는 고통 즉 악이 존재하는 까닭을 설명하는 이론이다. 신과 악의 양립 가능성을 모색해야 하는 신정론은 대체로 세 가지 방향으로 전개되어왔다. 신의 선함과 의로움을 주장하기 위해 인간이 겪는 고통을 인간의 책임으로 돌리거나, 더 큰 선을 위한 필요악으로 보거나, 고통을 영생eternal life으로 인도하는 위장된 축복으로 보았다. 그런데 레비나스는 기독교 역사에서 찾아볼 수 있는 이 같은 신정론을 모두 거부한다. 그는 고통받는 당사자에게 현존하는 고통은 그 자체가 악이며 그 고통을 합리화하려는 시도 즉 신정론은 더 큰 악이라고 말한다. 이들 기독교 신정론이 더 큰 악일 수밖에 없는 이유는 신의 섭리라는 이름으로 타자의 고통을 정당화하고 그로 인해 타자의 고통을 외면하기 때문이다. 홀로코스트를 직접 체험한 유대인들에게 그들이 겪은 고통이 하느님의 정의와 섭리의 신비 가운데 이루어진 것이라고 가르치는 기독교의 신정론은 또 다른 폭력이며, 성서가 우리에게 명령하고 있는 이웃에 대한 사랑 즉 타자에 대한 윤리적 책임을 다하지 못한 방관자들을 죄의식에서 벗어나게 해주는 일종의 위로의 이론인 것이다. 그런 까닭에 레비나스는 그 어떤 기독교 신정론도 수용하지 않을 뿐 아니라 한 걸음 더 나아가 이를 강하게 비판하고 나선다.

레비나스의 시각에서 볼 때 악과 고통의 문제는 결코 신정론으로 해결해야 할 문제가 아니다. 악과 고통의 문제는 단순히 신학적 이론으로 해소하거나 회피할 수 있는 문제가 아니다. 오히려 고통은 있는 그대로 직시해야만 해결될 수 있다. 고통을 있는 그대로 직시해야만 우리는 악이 지배하는 이 세상의 질서를 벗어나 이 세상과 단절하고 이 세상 저편의 신을 향해 초월함으로써 악을 극복할 수 있는 것이다.

레비나스에 따르면, 인간은 일차적으로 자신의 이기적 관심을 추구하며 살아가는 존재다. 그러기에 먹고 마시고 향유하면서 자신의 욕구를 충족시키면서 살아간다. 세상은 바로 이런 이기적인 존재들이 살아가는 곳이다. 이런 이기적인 존재들이 탈이기적인 존재로 변화될 수 있는 전환점이 마련되는 것은 타인의 고통을 통해 악과 마주하게 될 때이다. 악이 타인의 얼굴을 통해 내 눈앞에 현현할 때, 즉 고통받는 타자의 얼굴이 묵묵히 나를 쳐다보며 나를 고발할 때 이 세상에서 이기적인 마음으로 오직 자신만을 위해서 살아가던 내 영혼이 흔들리게 되는 것이다. 고통받는 타인의 얼굴은 내게 "너는 고통받고 있는 나를 지켜보고만 있을 거냐?", "너는 나를 죽도록 내버려둘 거냐?", "너는 나를 도와주지 않을 거냐?"라고 내게 말을 건다. 이렇게 고통받는 타인의 얼굴은 나의 이기심을 고발하며 나를 질책하는 것이다. 이때 우리는 고통받는 자와 더불어 악을 미워하는 마음을 갖게 된다. 그리고 이때 우리는 악의 배후에서 "그림자처럼 어른거리는" 선善을 발견하게 되며, 이로 인해 우리의 영혼은 그 선을 향해 한 단계 고양된다. 선은 고양된 영혼에게 흡사 주인이 종에게 명령하듯 타인의 고통에 대해 책임질 것을 명령한다. 고통받는 타자와 나 사이에는 윤리적 관계가 형성되는 것이다. 이처럼 레비나스는 내 앞에 나타난 고통받는 타인의 얼굴을 제삼자의 관점에서 바라보는 것을 윤리적 사건이라고 규정한다.

　나는 나에게로 환원시킬 수 없는, 다시 말해 나의 이해와 능력을 벗어나 나의 지배하에 둘 수 없는 낯선 타인의 얼굴을 통해 타자의 존재성을 확인하게 된다. 이 타자는 나에 의해 표상되고 의미가 부여되는 이 세상의 다른 사물과는 달리 그것을 인식하는 주체인 나의 표상과 인식 그리고 자유에 전혀 구속받지 않은 채, 그 자체로 존재하고, 그 자체로 스스로를 드러내는 존재인 것이다.

> 얼굴을 통해서 존재는 더 이상 그것의 형식에 갇혀 있지 않고 우리 자신 앞에 나타난다. 얼굴은 열려 있고, 깊이를 얻으며, 이 열려 있음을 통하여 개인적으로 자신을 보여준다. 얼굴은 존재가 그것의 동일성 속에서 스스로를 나타내는 다른 어떤 것으로 환원할 수 없는 방식이다.[7]

이처럼 다른 것으로 환원되지 않는 타자의 얼굴은 나의 표상과 나의 자유, 나의 주도권의 실패를 의미한다. 얼굴은 다른 사물처럼 단순히 의식에 주어지는 현상이 아니라 오직 스스로 자신을 현현한다. 이런 얼굴의 현현은 시선과 말을 통해 더 구체화되는데 특히 나를 바라보는 눈은 특히 얼굴 가운데서도 아무런 보호막 없이 나에게 곧장 드러나는 부분이다. 그러기에 나를 바라보는 타인의 시선이란 타인이 자신을 아무 매개 없이 직접 나에게 드러내는 것이다. 다시 말해 타인은 시선을 통해 직접 내 앞

에토스의 종교

에 벌거벗은 자신을 현현한다. 레비나스는 나를 바라보는 타인의 시선과의 만남을 '절대 경험' 또는 '계시revelation'라고 부른다. 레비나스가 타인의 시선과 만남을 기독교적 용어를 사용해 계시라고 부르는 까닭은 그 시선이 나의 의지와 무관하게 나의 외부에서 들어와 나로 하여금 그의 호소에 응답할 것을 요구하기 때문이다.

레비나스에 따르면, 우리에게 응답을 요구하는 타인의 모습은 낯선 이방인의 모습, 그것도 아주 비참한 이방인의 모습으로 나타나는데 그들은 성서에서 기술되고 있는 것처럼 나그네와 과부 그리고 고아의 모습을 하고 있다.[8]

> 타자는 타자로서 높음과 비천함의 차원에 처해 있다. 영광스러운 비천함. 타자는 가난한 자와 나그네, 과부와 고아의 얼굴을 하고 있고 동시에 나의 자유를 정당화하라고 요구하는 주인의 얼굴을 하고 있다.[9]

타인은 그의 비참함 가운데, 자기방어가 불가능한 가운데, 신체적 · 도덕적 우월성을 상실한 가운데, 정말 낮고 비천한 가운데, 쉽게 상처받을 수 있는 가운데, 나에게 도움을 호소하며 응답을 기다린다. 바로 이때 나의 이기심과 나의 자유가 문제시되며,

이로써 타인과 나 사이에는 윤리적 관계가 형성되는 것이다.[10] 요컨대, 고통받는 타인의 얼굴을 마주함으로써 나의 자유와 자발성이 자의적이며 폭력적이라 느끼는 동시에 타인에 대한 책임을 느끼게 될 때 비로소 윤리가 시작되는 것이다. 타인은 그의 벌거벗은 얼굴 즉 시선을 통해 한편으로는 자기중심적으로 살아온 지난날의 나를 정죄하고 있으며 다른 한편으로는 나에게 도움을 호소하고 있는 것이다. 내가 이 호소에 응답할 때 나는 책임을 지는 존재 즉 윤리적 주체로 거듭나게 되는 것이다.[11] 이처럼 타인의 얼굴은 나에게 책임을 즉 타인의 호소에 응답할 수 있는 가능성과 그리고 응답해야 할 의무를 일깨워준다. 그런 점에서 타인의 얼굴은 윤리의 인식근거이며, 타자의 존재는 윤리의 가능근거인 것이다.

타자의 얼굴과 마주함으로써 내가 윤리적으로 책임 있는 존재가 되는 것을 레비나스는 '대속substitution'이라는 또 다른 기독교 개념을 사용해 설명한다. 대속이란 예수 그리스도처럼 타인의 죄를 대신 속죄한다는 것이다. 이기심으로 인해 닫혀 있던 자신의 마음의 문을 열고 타인의 호소에 응답하여 자기 지갑을 열고, 자기 입 안에 든 빵을 내어주고, 자기 집 대문을 여는 윤리적 실천은 바로 타인에게 자신을 내어주는 이른바 대속이며, 바로 이런 대속을 통해 인간은 타인을 아래에서 떠받쳐주는sub-jectum 참된

인격적 주체subject가 되는 것이다.[12]

『신약성서』의 「누가복음」10:25~34에 보면 선한 사마리아인의 이야기가 나온다. 어떻게 해야 영생을 얻을 수 있는지를 묻는 율법사에게 예수는 율법서구약에 어떻게 기록되어 있느냐고 되묻는다. 율법사는 "마음을 다하고, 목숨을 다하고, 생각을 다하여 하나님을 사랑하고 그리고 네 이웃을 네 몸같이 사랑하라"고 기록되어 있다고 답한다. 그러자 예수는 그렇게 하라고 말한다. 율법사는 "그런데 누가 저의 이웃입니까?"라고 다시 묻는다. 이에 예수는 강도 만난 선한 사마리아인의 이야기를 들려주고 이 이야기에서 누가 강도 만난 자의 이웃인지를 묻는다. 율법사는 선한 사마리아인이라고 즉시 답을 한다. 그러자 예수는 기다렸다는 듯이 "가서 너도 이와 같이 행하라"고 말한다. 성서에 나오는 이 유명한 이야기에는 율법사처럼 누가 내 이웃인지를 묻지 말고, 사마리아인처럼 내가 먼저 이웃이 되라는 가르침이 담겨 있다. 다시 말해, 누가 나의 손을 잡아줄 이웃인가를 살피기 전에 자신의 곤궁함과 무력함으로 나의 자유와 자아실현을 문제 삼는 가난하고, 억압받고, 소외당하는 타자에게 내가 먼저 손을 내밀고 이웃이 되어야 함을 가르치는 것이다. 이들 타자를 우리의 이웃으로 삼아야 하는 것은 바로 이들의 얼굴이 보여주는 상처받을 가능성과 무력함이 오늘날 나의 이기심을 꾸짖으며 나로 하여금

선한 사마리아인이 보여준 에토스의 종교

레비나스에 따르면, 우리에게 응답을 요구하는 타인의 모습은 낯선 이방인의 모습, 그것도 아주 비참한 이방인의 모습으로 나타난다. 타인은 그의 비참함 가운데, 자기방어가 불가능한 가운데, 신체적·도덕적 우월성을 상실한 가운데, 정말 낮고 천한 가운데, 쉽게 상처받을 수 있는 가운데 나에게 도움을 호소하며 응답을 기다린다. 바로 이때 나의 이기심과 나의 자유가 문제시되며, 이로써 타인과 나 사이에는 윤리적 관계가 형성되는 것이다. 성경에 나오는 '선한 사마리아인의 비유'는 고통받는 타자를 나의 이웃으로 적극적으로 품어야 함을 일깨운다. 빈센트 반 고흐, 〈선한 사마리아인〉(1890).

타자를 영접하고 환대하는 윤리적 주체로서 거듭날 것을 요구하기 때문이다.[13]

고통받는 타자가 나의 이웃이 되어야 함은 종교적으로 볼 때 두 가지 차원에서 의미가 있다. 하나는 나를 욕망의 주체가 아닌 윤리적 책임의 주체로 세움으로써 욕망의 노예로 지내온 지난날의 비주체적인 삶에서 벗어나 주체적으로 즉 실존적으로 살 수 있게 된다는 점이고, 다른 하나는 세상 저편으로의 초월을 통해 이 세상에서 대속의 삶을 살게 됨에 따라 이 땅에 진정한 평화를 가져올 수 있다는 점이다. 바로 이 두 가지, 즉 실존적인 삶과 세상의 평화는 이 세상의 모든 종교가 추구해온 궁극적 목표가 아닌가? 또한 타자의 시선에 화답해 그의 손을 잡음으로써 신과 인간의 끊어진 관계를 회복한다는 것은 바로 종교의 참된 목적이 아닌가? 여기까지만 생각하면 오늘날 우리가 찾던 가장 이상적인 종교의 모습이 바로 레비나스의 타자의 철학 또는 타자의 윤리가 아닌가 하는 생각이 든다. 그리고 그의 타자의 윤리야말로 이 시대가 원하는 '종교 없는 종교'가 아닌가 하는 생각이 든다. 그러나 문제는 기독교 신앙이 없이도 타자의 얼굴을 통해 존재 저편에 계신 절대 타자로서의 신의 음성을 들을 수 있는 사람이 과연 얼마나 되겠는가 하는 점이다. 기성 종교에서 찾아볼 수 있는 신비와 계시가 없이도 타인의 눈동자를 바라보는 것만으로 이기심으로 가득한 자신의 마음을 바꿀 수 있을까? 신의 존재를 강하게 부인하는 사람들이 어떻게 타인의 눈동자가 자신을 바라보고 있는 신의 눈동자라고 생각할 수 있을까? 신앙심을 갖지 않은 사람들이 어떻게 타인의 시선 속에서 그 시선 너머에 계신 신의 존재를 알아차릴 수 있단 말인가?

16세기 종교개혁 시기에 일어난 독일 농민혁명을 배경으로 한 희곡 「악마와 선한 신」에서 사르트르Jean Paul Sartre, 1905~1980는 주인공 괴츠의 입을 빌려, 레비나스와 달리, 존재하는 것은 오직 인간뿐이며, 타인의 시선 너머에 어떤 신도 존재하지 않기에 어느 누구도 신의 목소리를 들을 수 없다고 말한다. 이 희곡에서 주인공 괴츠는 완전한 자유의지에 따라 악을 선택한다는 생각으로 보름스 성에 있는 2만 명의 양민을 잔혹하게 학살하려는 생각을 품는다. 그러나 사제 하인리히의 충고에 따라 그는 선을 행하기로 마음을 고쳐먹는다. 자신의 땅을 농민들에게 나누어주고 이 지상에 태양의 마을이라는 이름의 신의 도시를 건설하고자 계획한다. 하지만 그의 선을 행하고자 하는 시도는 제후와 맞서 싸우려는 농민들의 방해로 수포로 돌아가게 된다. 결국 그는 선을 행하려던 자신의 행동이 사실은 위선이었음을 자각하면서 신의 죽음과 더불어 무신론을 선언하고 농민 반란군의 지휘자가 되어 저항전쟁에 참여하게 된다는 내용이다. 이 희곡의 핵심은 3막 10

마당 4장에서 하인리히 신부에게 하는 괴츠의 고백이다.

나는 애원하기도 했고, 징조를 애걸해보기도 했고, 하늘에 메시지를 보내보기도 했지만, 대답은 없었어. 하늘은 내 이름조차 몰라. 나는 매 순간 신의 눈에 내가 어떤 존재일 수 있을까 자문했지. 이제는 내가 그 답을 알아. 아무것도 아닌 거야. 신에게는 내가 안 보여. 신은 내 말을 듣지도 않고, 나를 알지도 못해. 우리 머리 위에 저 허공이 보여? 저게 신이야. 문짝에 나 있는 저 틈새가 보이나? 저것이 신이야. 땅에 있는 이 구멍이 보여? 저것이 신이야. 부재, 이게 신이지. 신이란 인간들의 고독이야. 나밖에 없었던 거지. 나 혼자 악을 결정했고, 내가 혼자서 선도 만들어냈어. 속인 것도 나였고, 기적을 행한 것도 나였고, 오늘 나를 심판하는 것도 나야. 나 혼자만이 내 죄를 사할 수 있지, 나, 인간인 내가 말이야. 만일 신이 존재한다면 인간은 무이고, 만일 인간이 존재한다면 …… 어딜 가?[14]

악을 선택했음에도 정죄하지 않고, 선을 선택했다가 좌절했음에도 위로하지 않는 신이기에 괴츠는 신을 떠나 인간에게로 갔다는 것이다. 이처럼 악과 선의 대립을 거쳐 무신론으로 치닫는 괴츠의 여정을 놓고 폴 리쾨르Paul Ricoeur, 1913~2005는 괴츠는 단 한 번도 신 앞에 진심으로 서본 적이 없기에 그의 무신론으로의 회심은 당연한 귀결일 수밖에 없다고 말한다. 다시 말해 괴츠는 처음부터 신의 존재를 믿지 않았기에 그의 믿음은 처음부터 위선이었고, 그 위선은 무신론이라는 출발점으로 돌아갈 수밖에 없었다는 것이다.[15] 리쾨르는 "우상이 죽어야 존재 상징이 말을 시작한다"[16]고 말한다. 괴츠에게 우상은 다름 아닌 자기 자신이었다. 이것이 죽어야 비로소 참된 종교가 시작될 수 있는 것이다. 사르트르가 희곡에서 그린 것처럼 단순히 나를 위해 타인을 정죄하고 타인에게서 상처받은 나를 위로하는 도덕적인 신을 만든 자기 자신을 우상에서 끌어내릴 때 우리는 비로소 타인의 시선 너머에 계신 신의 음성을 들을 수 있는 것이다.

레비나스의 타자의 철학은 그것이 타자의 시선 속에 담긴 신의 준엄한 명령을 강조한다는 점에서 일견 '교리 없는 종교' 즉 '종교 없는 종교'처럼 보인다. 그러나 레비나스의 타자의 윤리가 이 시대가 원하는 진정한 '종교 없는 종교'가 되려면 한 가지 전제가 있어야 한다. 다름 아닌 타자의 윤리$_{ethos}$를 실천으로 옮길 수 있는 힘, 즉 종교적 열정$_{pathos}$에 뿌리를 두어야 한다는 것이다. 열정이 없는 윤리는 실천력이 없고, 윤리가 없는 열정은 광신으로 흐르기 때문이다. 레비나스의 타자의 철학은 유대교의 메시아사상의 열정 위에 세워져 있다. 문제는 바로 이 같은 사실로 인해 레비나스의 타자의 철학이 '종교 없는 종교'가 아니라 유대교

에토스의 종교

신학이 되는 것이며, 이는 결국 기성 종교로의 회귀를 의미하는 것이다.

무신론과
반종교를
넘어서

인류에게 20세기는 인간의 절망과 희망이 교차한 시대였다고 할 수 있다. 제1, 2차 세계대전은 인류사에 가장 잔인한 비극을 남겼지만 양차 대전으로 인해 촉발된 과학기술의 발전은 인류 역사상 가장 풍요로운 시대를 열었기 때문이다. 그러나 21세기에 들어서면서 부의 양극화가 몰고 온 심각한 사회불안, 문명세계의 확장이 가져온 생태계 파괴, 급격한 기후변화가 야기한 엄청난 자연 재앙, 종교 갈등이 빚어낸 테러와 전쟁, 동북아 지역의 영토 분쟁으로 인한 무력 충돌의 위험 등은 인류를 끝없이 불안과 공포로 몰아넣고 있다. 인간을 신앙으로 이끌고 꾸준하게 신앙에 붙들어두는 것은 희망과 두려움의 정서라는 흄의 말처럼 수없이 많은 사람들이 여전히 종교적 신앙에서 실낱같은 희망을 찾고 있다.

과학기술의 발전이 삶의 조건을 꾸준히 개선해나가면서 인류

무신론과 반종교를 넘어서

는 이제 100세 시대를 눈앞에 바라보게 되었다. 그렇다고 누구나 최첨단 의학의 혜택을 누릴 수 있는 것은 아니며, 100세까지 건강하고 유복한 노년기를 보낼 만큼 충분한 일자리가 있는 것도 아니다. 농업생산력이 획기적으로 발전했다고는 하나 국가 간의 이해관계 때문에 여전히 많은 사람들이 굶주리고 있고, 최첨단 과학기술을 활용한 군사 무기들은 인류의 생존을 위협하고 있으며, 날로 흉악해지는 범죄로 인해 지구촌 곳곳에서는 지금도 많은 사람들이 생명을 잃고 있다. 이 같은 사실들은 인류의 안전한 삶이 과학의 발전에만 달려 있는 것은 아니라는 사실을 보여준다.

그럼에도 인간의 이성을 개발함으로써 이 땅에 유토피아를 건설할 수 있다고 믿는 계몽주의의 후예들이 있다. 그들의 눈에는 유신론과 종교는 인류의 발전을 가로막는 최대의 적으로 비치고 있다. 이들은 종교를 인간의 합리성을 저해하고 인류를 미혹에 빠지게 하는 미신과 광신으로 규정하고 인류의 진보를 위해서 척결해야 할 인류의 폐습으로 간주한다. 이들이 이처럼 종교에 부정적 시선을 보내는 까닭은 일차적으로는 그들의 시선이 종교의 부정적 측면에만 쏠려 있기 때문이지만 더 근본적으로는 인간의 본능과 종교의 본질을 제대로 이해하지 못하고 있기 때문이다.

마르크스주의 철학자 에른스트 블로흐Ernst Bloch, 1884~1977는 인간은 스스로의 삶을 불완전하고 미완성된 것으로 보며, 늘 현실에 만족하지 않고 현실을 벗어나 새로운 단계로 도약하려 하기에 종교란 인간의 삶에 본질적이라고 말한다. 프랑크푸르트 학파의 사회이론가 막스 호르크하이머Max Horkheimer, 1895~1973도 종교란 신이 존재한다는 의식 속에 늘 정의를 향한 이상을 품고 있기에 삶의 불의나 고통의 문제와 관련해 올바른 삶의 의미와 기준을 제시한다고 말함으로써 종교가 인간 삶에 필요한 것임을 밝히고 있다. 이들은 무신론자임에도 불구하고 종교가 초월적 세계로의 지평을 열어놓음으로써 죽음을 새롭게 해석할 수 있는 여지를 주었으며 또한 자신을 초월하는 가치를 향해 마음을 열게 함으로써 삶의 무의미에서 벗어나 희망을 갖게 해준다는 점을 인정한다.

그러나 우리 시대의 대표적 무신론자들인 도킨스, 해리스, 허친스 등은 바로 인간의 본능과 종교의 본질에 대한 이 같은 이해가 부족하다. 그들은 18세기 계몽주의의 잘못된 유산이라 할 수 있는, 우주의 창조자이자 최고 인격적 존재인 신을 비판하는 데만 혈안이 되어 있다. 샘 해리스는 그의 대표작『종교의 종말The End of Faith』의 에필로그에서 "인류는 언제까지 신화 속에서 허우적댈 것인가?"라는 제목하에 다음과 같이 말하고 있다.

나는 비이성으로 가는 문을 닫는 데 도움을 주고자 이 책을 썼다. 신앙이 전혀 교정 가능성이 없는 인간 무지의 한 형태임에도 불구하고 그것은 여전히 우리 문화 곳곳에서 전혀 비난을 받고 있지 않다. 이 세상에 대한 모든 정보의 유효한 원천을 저버리고, 우리의 종교는 고대의 금기 사항과 과학 이전에 있었던 상상에 집착하고 있다. …… 지금도 우리는 우리가 아는 것에 의해서가 아니라 우리가 생각하기에 즐거운 것에 의해서만 고무되고 있다. 많은 사람들이 아직도 내세의 환상을 위해 행복과 동정심과 정의를 희생시키려는 열정에 가득하다. …… 창조의 아름다움과 광대함에 경외심을 품고 우리가 경배할 가치가 있는 인격적 신은 없다. 어느 날씨 좋은 날, 우리가 사실은 이웃을 사랑해야 하고 우리의 행복은 이웃의 행복과 불가분의 관계이며 상호 의존하기 위해서는 모든 사람들에게 번성할 기회가 주어져야 한다는 사실을 깨닫기 위해, 종족이 꾸며 낸 이야기를 되풀이해야 할 필요는 없다.[1]

그런데 해리스의 말처럼 우리가 제대로 이성을 발휘해 불합리한 종교를 몰아내고 나면 그 자리에 대체 무엇이 들어서게 될까? 아마도 그 자리에 인간의 욕망이 자유라는 이름의 옷을 입고 들어설 것이다. 또한 도덕이 전혀 힘을 발휘할 수 없는 국가가 들어설 것이다. 개인의 야심과 국가가 교묘히 결합하여 기성 종교를

종교의 미래

대체했던 과거 독일의 나치 정권과 일본의 제국주의 그리고 러시아와 캄보디아의 공산 정권의 경우를 돌아보면, 이것이 얼마나 위험하고 허황된 일인지를 단번에 알 수 있다. 그런데도 현대 무신론자들이 이 같은 위험을 간과하지 못하는 것은 그들이 이성을 통해 인간의 욕망을 제어할 수 있다고 믿었던 근대 계몽주의의 후예들이기 때문이다.

해리스의 말처럼 인간은 "우리가 아는 것에 의해서가 아니라 우리가 생각하기에 즐거운 것에 의해 고무되는 존재"인 것이다. 해리스는 이처럼 인간의 본성을 잘 알고 있었다. 그럼에도 그는 비이성을 이성으로 몰아내기 위해 이 책을 썼다고 감히 말한다. 그러나 일찍이 인간 본성에 대한 깊이 있는 성찰을 했던 18세기 철학자들은 인간의 이성이 감성을 지배할 수 없음을 알았고,[2] 20세기 최고의 지성이라 불리는 기독교 사회윤리학자인 라인홀드 니버 역시 목사로서 디트로이트 지역의 목회 경험을 통해 체험적으로 깨달은 진실, 즉 인간의 이기심은 '이성이 아닌 힘'에 의해서만 억제될 수 있음을 고백한 바 있다.

이성은 어느 정도 어느 때나 한 사회 상황 안에서 이해관계의 노예이기 때문에 사회 부정은 교육자들이나 사회과학자들이 흔히 생각하는 것처럼 도덕적 또는 합리적 설득에 의해서는 해결될 수 없

다. 충돌은 불가피하고, 이 충돌에서는 힘에 대해서 힘으로 도전하는 수밖에 없다.[3]

　요컨대, 인간의 이성은 욕망을 억제할 수 있을 만큼 강하지 못하다. 그런데 어떻게 이성을 통해 비이성종교으로 가는 길을 막겠다는 것인가? 욕망은 오직 욕망으로 다스려질 수 있을 뿐이다. 다시 말해, 이 세상의 즐거운 것만을 좇는 욕망을 피안의 즐거운 것을 좇는 욕망으로 대체할 때 비로소 욕망은 다스려질 수 있는 것이다. 그리고 해리스가 주장하듯 내세의 환상을 위해 행복과 동정심과 정의를 희생시키는 사이비 종교의 부정적인 열정만 있는 것이 아니라 내세의 환상에 촉발되어 행복과 동정심과 정의를 향하는 참된 종교의 긍정적인 열정도 얼마든지 있다. 주변을 돌아보자. 지금은 세상을 떠났지만 종교적 열정으로 평생 가난한 사람들의 따뜻한 이웃이 되었던 마더 테레사, 몇 년 전 우리 국민들에게 종교적 사랑의 참 가치를 보여준 '수단의 슈바이처' 이태석 신부, 그 밖에 언론에 보도되지는 않았지만 숨은 곳에서 빛과 소금의 역할을 실천하고 있는 종교인들이 적지 않다. 그런데 해리스는 왜 이런 사람들은 애써 외면하고 있는 것일까? 소돔과 고모라가 의인義人 10명이 없어 유황불의 심판을 받았다면 소돔과 고모라보다 타락의 정도가 결코 덜하지 않을 우리 세상이 심판을 받지 않는 것은 신이 존재하지 않기 때문일까? 아니면 하느님 보시기에 이 세상의 멸망을 막을 만큼의 적지 않은 의인이 있기 때문일까? 사람을 복제할 수 있을 만큼 고도의 과학기술 문명을 이룩한 인류는 지금도 그 인구의 3분의 2가 여전히 종교를 갖고 있다. 이들 중에는 광신자도 있고, 미신숭배자도 있고, 그저 이름뿐인 신자도 있을 것이다. 그러나 "종교란 절망의 언덕에 세워진 소망의 성"이라는 라인홀드 니버의 말처럼 수없이 많은 사람들이 지금도 종교에서 희망의 불씨를 찾고 있다. 오늘날 종교철학적 담론은 바로 이 같은 사실에서 출발해야 한다.

새가 하늘을 날기 위해 두 개의 날개가 필요하듯이 인류는 성과 속, 또는 종교와 과학이라는 두 개의 날개가 필요하다는 인식이 보다 성숙한 현대 종교철학적 담론의 출발점이어야 하는 것이다. 그러나 샘 해리스와 더불어 21세기 무신론을 대표하는 인물인 도킨스는 강력하게 종교의 박멸을 주장하고 있다.

존 레넌의 노랫말처럼 "상상해보라. 종교 없는 세상을." 자살 폭파범도 없고, 9 · 11도, 런던 폭탄테러도, 십자군도, 마녀사냥도, 화약 음모 사건1605년 영국 가톨릭교도가 계획한 제임스 1세 암살 미수 사건도, 인도 분할도, 이스라엘과 팔레스타인의 전쟁도, 세르비아와 크로아티아와 보스니아에서 벌어진 대량 학살도, 유대인을 '예수 살인자'라고 박해하는 것도, 북아일랜드 '분쟁'도, 명예 살인도, 머리에 기름을 바르고 번들거리는 양복을 빼입은 채 텔레비전에 나와 순진한 사람들의 돈을 우려먹는 복음 전도사도 없다고 상상해보라.[4]

도킨스의 눈에는 이 세상의 모든 갈등과 분쟁이 전적으로 종교의 탓으로 보이는 듯하다. 도킨스, 해리스, 허친슨 모두 현대 사회에서 발생하는 악의 원인을 진단하는 데 놀랍도록 단순하다. 한마디로 너무 무식하다. 그들은 세상의 악이 얼마나 복잡한 정치사회적 연관 관계의 산물인지를 전혀 이해하지 못한다. 해리스가 자신의 책에서 상당한 지면을 할애해서 이야기하는 종교 분쟁과 테러는 그 이면을 들여다보면 종교의 탓으로만 돌릴 수 없음을 알 수 있다. 단지 종교의 옷을 입고 있을 뿐 실상은 민족 분쟁이며, 국가 간 이해관계의 분쟁인 것이다. 분쟁과 테러를 일삼는 이른바 근본주의는 그 본질에서 종교적이라기보다는 민족적인 성격을 지니고 있는 것이다.[5]

사회악을 바라보는 이같이 단순한 시각보다 더 심각한 문제는 무신론이 야기하는 종교철학적 함의에 대해 아무런 고민이 없다는 점이다. 현대 무신론자들은 기본적으로 도스토옙스키Fyodor Mikhailovich Dostoevskii, 1821~1881가 「카라마조프가의 형제들」에서 이반의 입을 빌려 말하고 있는 "신이 없다면 모든 것이 허용된다"

는 말의 의미를 진지하게 성찰하고 있지 않다. 그들은 밀_{John Stuart Mill, 1806~1873}, 포이어바흐_{Ludwig Andreas Feuerbach, 1804~1872}, 마르크스와 같은 19세기의 대표적 무신론자들과는 달리 이 세상의 가난과 사회적 부정의에는 별반 관심이 없다. 또한 그들은 니체, 사르트르, 카뮈 같은 20세기 무신론자들과는 달리 신이 존재하지 않는다면 삶의 의미와 가치를 어디서 찾아야 하는지, 그리고 인생의 허무감을 어떻게 받아들여야 하는지에 대해서도 관심이 없다. 오직 우주만물을 설계하고 창조한 초자연적인 지적 설계자로서 창조주가 존재하지 않는다는 것이 사실이고 그 사실만 보여주면 모든 문제가 해결된다고 생각하는 듯하다. 그들은 신이 존재하지 않는다는 것을 사실로 받아들이기만 하면 이 세상은 즉시 지금보다 훨씬 안전하고, 정의롭고, 평화로운 세상이 될 것처럼 말한다. 그러나 그들의 주장대로 그렇게 되지는 않을 것이라는 사실을 우리는 역사를 통해 이미 알고 있다.

몰트만_{Jürgen Moltmann, 1926~}에 따르면, 반유신론적인 무신론은 필연적으로 인간이 '인간의 신'으로 신격화되는 인간유신론에 이르게 되는데, 역사는 19세기 반유신론적 무신론_{즉 공산주의}이 인간이 인간의 늑대로 존재하는 상태에 대한 이상적 대안으로 제시된 것임에도 불구하고 '인간의 신'이 늑대가 된다는 사실을 보여주었다.[6] 그 결과 인류는 다시금 유신론으로 되돌아가고자 한다는 것이다. 하느님이 인간과는 근본적으로 다른 존재라면 적어도 한 인간이 다른 인간에 대해 신즉 늑대처럼 굴 수는 없을 것이기 때문이다. 기성 종교가 사라진 무신론의 시대를 이상향으로 보는 현대 무신론자들의 문제점은 그들이 인간 이성의 합리성과 힘을 절대시하고 숭배한다는 점에서 결국은 인간을 신격화하는 이른바 인간유신론에 이르게 될 것이고 결국 19세기 인간유신론자들처럼 인간이 인간의 늑대가 되는 상태를 방치하게 될 것이라는 점이다. 인간유신론의 근본적인 문제점은 인간 속에 있는 이기적인 욕망의 폭력성과 그것이 정치사회적인 관계에서는 훨씬 더 강력하게 작용한다는 사실을 간과하고 있다는 점이다.

오늘날 종교철학적 담론에서는 무신론자이든 유신론자이든 무턱대고 신앙이나 종교를 배격하지 않는다. 근대 계몽주의자들의 '종교 없는 신' 이후 푸아드뱅, 케니 같은 현대 무신론자들이 도구주의적 유신론을 주장하며 종교의 존립을 주장하거나 하이데거, 카푸토, 바티모 등이 종교의 문제점을 인식하면서도 초월적 존재에 대한 믿음을 근거로 한 '종교 없는 종교'를 주장하는 까닭이 여기에 있다. 그런데 이들의 종교 담론에는 여전히 심각한 문제가 있다. 전자는 종교의 동력이 되는 신비를 간과하고 있고, 후자는 신비가 야기하는 열정과 광기를 제어하기 어렵다는 점이다. 그런데 이 둘의 문제점을 해결할 수 있을 것 같은 시도가 하나 눈에 띈다. 바로 레비나스의 타자의 철학이다.

레비나스의 타자의 철학은 카푸토가 해석하는 데리다의 해체철학처럼 '지식 없는 진리' 즉 실천적 진리를 주장한다는 점에서 '종교 없는 종교'라 할 수 있다. 이것이 특별히 주목을 끄는 이유는 그 본질이 윤리라는 점에서 광기를 제어할 수 있고, 그 윤리가 유대교의 묵시적 신앙apocalyptic faith에 뿌리를 두고 있다는 점에서 실천의 동력을 지니고 있기 때문이다. 문제는 레비나스의 타자의 철학은 데리다의 해체철학과는 달리 유대교와 너무 밀착되어 있어 '종교 없는 종교'라기보다는 유대교의 신학이라고 보아야 한다는 점이다. 만약 이것이 사실이라면, 레비나스의 타자의 철학은 근대 계몽주의 시절 '종교 없는 신'을 시작으로 해서 '신 없는 종교'를 거쳐 '종교 없는 종교'에 이르렀던 종교에 대한 변증법적 사유가 다시금 출발점인 유신론적 종교로 회귀하였다는 것을 의미한다.

하이데거의 말처럼 신은 일개 존재자Seiendes가 아니라 만질 수도, 볼 수도, 들을 수도 없는 존재Sein로서 우리 주위의 사람, 물체, 자연의 힘에서 작용하는 것으로 볼 수 있을 뿐이다. 인간은 오직 존재자만을 인식할 수 있기에 존재를 정의하거나 설명하는 것은 불가능했다. 그래서 고대인들은 존재의 일부 특성을 담고 있는 특정 존재자를 통해 존재를 상징적으로 표현하고자 하였

무신론과 반종교를 넘어서

다. 예를 들어, 신의 초월성, 무소부재, 보편성을 표현하는 상징으로 하늘을, 변치 않는 불변성을 표현하는 상징으로 바위를, 그리고 끝없이 반복되는 소멸과 탄생의 신비를 표현하는 상징으로 달을 사용하였다. 사람들은 이들 상징물에 절을 하고 기도를 드렸다. 그러나 이들이 숭배하고 기도를 바친 것은 상징물이 아닌 그 상징물이 가리키고 있는 존재였다.[7] 기원전 4500년 전 고대 아리아인들은 모든 자연 현상에 내재된 보이지 않는 비인격적인 힘을 믿었고, 기원전 10세기경에는 그것에 '브라흐만Brahman'이라는 이름을 붙였으며, 중국에서는 이것을 '도道'라고 불렀다. 이것들은 하나같이 인간의 언어와 이해력의 한계를 넘어서는 궁극적 실재였다. 그러나 이 궁극적 실재는 인간에게 낯선 것이 아니라 인간을 존재하게 한 바로 그것이었기에 인간과 불가분의 관계에 있는 것이었다. 또한 그것은 인간 존재의 근거이기에 이성과 경험을 통해 인식될 수 없으며, 오직 명상과 수행 그리고 실천을 통해서 다가갈 수 있을 뿐이었다. 그래서 불교, 힌두교, 유대교, 기독교는 수행과 실천을 통해 진리에 이르는 길을 가르쳤던 것이다.[8]

데리다, 카푸토, 바티모의 포스트모던 신학은 근대 이전의 종교의 본질과 종교적 이상을 정확히 이해하고 있다는 점에서 종교철학적 관점에서 매우 의미 있는 진전을 이루어냈다고 할 수 있다. 왜냐하면 근대 이래로 인류는 신을 일개 존재자로 전락시

켰기 때문이다. 우주 만물을 의지적인 설계에 의해 창조하고 그것의 운행에 개입하고 있다고 생각하는 지적 설계자로서의 근대적 신 개념에 대해 폴 틸리히는 다음과 같이 비판하고 나선다.

> 자연적인 사건에 개입하거나 '자연적인 사건의 독립적 원인'이 되는 '인격적 신' 개념은 신을 다른 자연적 대상들 곁에 있는 하나의 자연적 대상, 존재들 가운데 있는 하나의 존재, 최고의 존재일지는 몰라도 일개 존재에 불과한 것으로 만든다. 이런 신 개념은 물리 체계를 무너뜨릴 뿐 아니라 의미 있는 신 개념까지 무너뜨린다.[9]

자연적 사건의 원인이 되며, 나와 인격적 관계를 맺는 신은 아무리 지고의 존재라 할지라도 그것은 일개 존재자일 뿐이며 그것은 인간이 만든 우상에 지나지 않는다는 것이 틸리히가 말하고자 하는 요지이다. 이런 관점에서 볼 때, 오히려 이런 지적 설계자로서의 신의 존재를 부인하는 무신론자들이야말로 우상파괴론자들이라 할 수 있으며, 그런 점에서 근대 이후 과학주의에 편향되어 신을 지적 설계자로 규정하는 일부 근본주의자들과 이에 동조하는 일부 과학적 신앙인들보다 이들 무신론자들이 더욱더 종교적이라고 할 수 있을 것이다.

포스트모던 신학은 이런 인간이 만든 우상으로서의 신을 해체

무신론과 반종교를 넘어서

함으로써 신과 종교의 참된 의미를 되돌아보게 하는 계기를 제공한다는 점에서 의의가 있다. 그러나 포스트모던 신학이 지향하는 '종교 없는 종교'에는 실천을 이끌어낼 수 있는 신비도, 그리고 신비와 실천을 이어줄 어떠한 형태의 종교적 수행도 존재하지 않는다는 문제점이 있다. 유대 사상가이자 랍비인 아브라함 요수아 헤셸Abraham Joshua Heschel, 1907~1972은 유대인은 시를 읽듯이 경전을 읽으면서 거룩_성의 감정을 느끼며, 종교적 계율을 준수함으로써 신의 현존 안에 거하는 신비적이며 직관적인 체험을 한다고 말한다. 유대교처럼 경전과 계율이 없는 '종교 없는 종교'가 어떻게 사랑의 실천을 이끌어낼 수 있을까? 인간이 자신의 이기적 욕망을 제어하고 이웃에게 사랑의 손길을 내민다는 것은 결코 쉬운 일이 아니다. 프리드리히 슐라이어마허Friedrich Schleiermacher, 1768~1834에 따르면, 종교의 본질이란 형이상학적 사유나 도덕적 행위가 아니라 직관과 감성으로서, 종교란 우주에 경건히 귀 기울여 들으려 하고, 어린아이의 수동성으로 스스로를 우주의 직접적인 영향에 사로잡히도록 내어주며, 그에 의해 채워지도록 맡기는 것이다. 다시 말해, 종교란 인간이 능동적 주체가 되어 행하는 사유나 행위가 아니라 우주 즉 무한자가 자신을 계시하고 스스로를 드러내는 대로 인간이 수동적으로 감지_{직관}하고 느끼는_{감성} 것이다.[10] 레비나스 역시 이 점을 명확히 이해하고

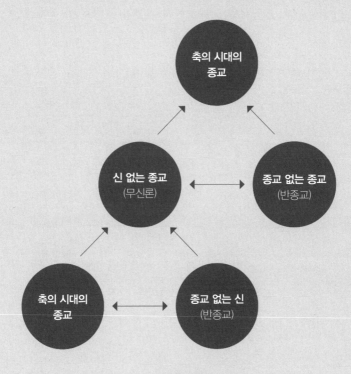

종교의 미래

반종교와 무신론의 변증법적 지양. 도식에 따르면, '축의 시대'의 종교에 대한 반발로 시작된 종교적 사유는 반종교와 무신론의 변증법적 과정을 거쳐 다시 '축의 시대'의 종교로 회귀하고 있다. 철학자 야스퍼스가 말한 '축의 시대'의 위대한 종교적 전통은 우리가 모색해야 할 미래 종교의 모습과 다시금 만나게 되는 것이다.

있었기에 그의 타자의 철학은 '종교 없는 종교'를 넘어 신화와 신비를 담은 기성 종교를 다시 주목하는 것이다. 바로 이 점이 오늘날 우리가 레비나스의 타자의 철학에 주목해야 하는 이유다.

카렌 암스트롱은 "21세기에도 힘을 잃지 않고 중요한 종교적 역할을 감당할 수 있는 신앙은 신비주의적 신앙이다"라고 말한다.[11] 암스트롱의 말처럼 존재의 근거로서 신비적으로 경험되는 주관적인 신神 체험에 근거한 신비적 신앙만이 이 세속화된 세상에서 헌신적인 삶을 이끌어낼 수 있고, 그로 인해 이 세상을 살만한 세상으로 변화시킬 수 있는 것이다. 결국 답은 야스퍼스Karl Jaspers, 1883~1969가 말한 인류의 정신적 발전에 중심축을 이룬 '축의 시대Axial Age'[12]의 위대한 종교적 전통에 있었던 것이다. 결국 우리는 먼 길을 돌아 출발점으로 다시 돌아온 것이다. 중국 송나라 때 청원유신靑原惟信 선사禪師의 상당 법문이 새삼 마음에 와 닿는다.

내가 30년 전 아직 선 공부에 들어가지 않았을 때 산은 산이고, 물은 물이었다. 그러나 지식을 쌓아 경지에 이르니 산은 산이 아니고, 물은 물이 아니었다. 하지만 진정 깨달아 휴식처를 얻으니 정녕 산은 산이고, 물은 물이로구나.[13]

주석

머리말

1 카를 야스퍼스가 사용한 개념으로서 인류의 정신적인 축이 되어온 세계종교 즉 유교와 도교, 힌두교와 불교, 유대교와 기독교가 출현한 기원전 900~200년 사이를 말한다.

1장

1 Barnes, J. trans & ed., *Early Greek Philosophy*(London: Penguin Books, 1987), chap. Xenophanes.

2 명암법이란 회화나 소묘에서 화면이나 묘사된 물체에 입체감과 거리감올 표현하기 위해 한 가지 색상만을 사용해 명암을 단계적으로 변화시킴으로써 원하는 효과를 얻는 기법을 말한다. 명과 암, 빛과 그림자의 대비를 통해 대상에 입체감을 부여하고 화면에 원근감을 표현한다.

3 쿠르트 플라쉬, 「신의 척도로서의 인간」, 쿠키치 엮음, 『현대의 신』, 전철승 옮김 (범우사, 1987), pp.52~53.

4 아리스토텔레스, 『형이상학』, 김진성 옮김(이제이북스, 2007), 1권 3장 및 5권 2장, pp.42~43, 199~200.

5 이태하, 『경험론의 이해: 자연과학에서 문예비평으로』(프레스 21, 1999), pp.17~18.

6 플라톤, 『파이돈』, 세계의 대사상 1, 박종현 옮김(휘문출판사, 1976), pp.479~480.

7 엘리아데, 『성과 속』, 이은봉 옮김(한길사, 2004), p.63.

8 "제의는 행위로 전환된 신화이고, 신화는 말로 표현된 제의이다. 제의와 신화는 사실상 같은 것이다[칼 알버트, 『플라톤 철학과 헬라스 종교』, 이강서 옮김(아카넷, 2010), p.27]."

9 플라톤, 『파이돈』, pp.500~501.

10 같은 책, p.501.

11 소크라테스 또한 같은 이유에서 아테네 시민들에게 그리스 신화에 대한 신앙을 촉구하고 있는 것이다[거드리, 「희랍철학입문」, 박종현 옮김(종로서적, 1982), pp.101~103 참조].

12 소포클레스, 「오이디푸스왕과 안티고네」, 김종환 옮김(계명대 출판부, 1998), p.120.

13 같은 책, p.210.

14 아리스토텔레스, 「형이상학」, p.29.

15 플라톤과 아리스토텔레스의 형이상학은 바로 로고스에 의한 뮈토스의 영역 침범으로 풀이할 수 있다. 그러나 플라톤의 형이상학에는 신화적 요소가 섞여 있고 따라서 그가 형이상학을 신화적 종교를 대체하는 이성의 종교로 보았는지는 분명하지 않다.

16 "For God knows that when you eat of it your eyes will be opened, and you will be like God, knowing good and evil(「NIV 성경」「창세기」 3:5)."

17 Aquinas, T., *Summa Theologica*, Q. 2, A. 3, pp.25~27.

18 같은 책, Q. 13, A. 5, pp.106~109.

19 Wittgenstein, L., *Tractatus Logico-Philosophicus*(New York: The Humanities press, Inc., 1951), p.189.

20 Knitter, P. F., *No Other Name?*(New York: Orbis Books, 1985), p.39.

21 암스트롱, 「신의 역사」 2권, 배국원·유지황 옮김(동연, 1999), p.393.

22 힐쉬베르거, 「철학자의 신」, 「현대의 신」, p.37.

23 Aquinas, T., *Summa Theologica*, I, Q. 1, A. 8.

24 Locke, J., *An Essay Concerning Human Understanding*(Oxford University Press, 1975), bk. IV, ch. 12, sec. 4.

25 Toynbee, A., *An Historian's Approach to Religion*(New York: Oxford University Press, 1956), pp.271~272.

26 성서의 말씀을 문자적으로 해석하여 이를 과학적으로 옹호하고자 했던 20세기 초의 조지 맥그리디 프라이스(George McGready Price), 1960년대 창조과학을 주도했던 존 휫컴(John Whitcombe)과 헨리 모리스(Henry Morris) 같은 창조과학자들과 이들의 근본주의 정신을 계승해 1990년대 들어 활동하기 시작한 필립 존슨

(Philip Johnson), 윌리엄 뎀스키(William Demski), 스티븐 메이어(Stephen Meyer), 마이클 비히(Michael Behe) 같은 지적 설계론자들이 바로 이들이다. 지적 설계론자들은 과거 창조과학자들과는 달리 주류 과학자들로 구성되어 있으며 이들은 기존 과학을 유물론적 과학으로 규정하고, 그것을 대체할 과학으로 생화학, 수학, 논리학, 정보이론 등에 기초해 지적 설계자를 추론하는 유신론적 과학을 주창하고 나선다. 이들은 자연이 자기 충족적이라는 형이상학적 자연주의 즉 무신론을 전제로 하고 있기 때문에 자신들이 기존의 과학을 거부한다고 말한다.

27 옥스퍼드대학 석좌교수, 동물학 교수를 지냈으며 현재는 대중과학이해학 석좌교수이다. 『이기적 유전자』, 『눈먼 시계공』, 『만들어진 신』 등의 저자로 전 세계적으로 저명한 무신론자이자 반종교론자이다.

28 스탠퍼드 대학에서 철학을, UCLA에서 신경과학으로 박사학위를 받았다. 『종교의 종말』, 『신이 절대로 답할 수 없는 몇 가지』, 『기독교 국가에 보내는 편지』 등의 저자로서 무신론자이자 반종교론자, 지적 설계론의 비판자로 널리 알려진 미국의 대표적인 논객이다.

29 옥스퍼드 대학을 졸업한 정치학자이자 저널리스트이다. 그는 뉴욕 뉴 스쿨의 객원교수, 버클리 언론대학원의 석좌교수를 역임했다. 영미 언론이 설정한 100인의 지식인에 들어갈 정도로 저명하였고 특히 신과 종교에 대해 신랄한 비판자였다. 『신은 위대하지 않다』, 『자비를 팔다』, 『신 없이 어떻게 죽을 것인가?』의 저자로도 유명하다.

30 도킨스, 『만들어진 신』, p.83.

31 틸리히, 『종교와 문화』, 이계준 옮김(전망사, 1984), p.47.

32 자연법칙에 어긋나는 어떤 현상을 보고 그것을 기적이라고 말하는 것은 우리가 아는 자연법칙에 비추어볼 때 그 현상을 과학적으로 설명할 수 없다는 것이다. 그러나 과학의 진보와 더불어 어떤 시점에 이르러 그것이 과학적으로 설명된다면 그것은 더 이상 기적이 될 수 없는 것인가? 만약 기적을 자연법칙에 반하는 사건으로 규정한다면 우리가 기적이라고 말하는 모든 현상은 사실상 잠정적으로 기적일 뿐이다. 그런데 종교에서 사용하는 기적의 의미는 자연법칙을 어긴 사건이라기보다는 자신이 믿고 있는 신에 의해 이루어진 사건이라는 고백인 것이다. 그러므로 신앙인들에게는 일상적인 삶 자체가 모두 기적인 것이다. 이태하, 「기적에 대한 흄의 비판」, 《종교신학연구》 10집(1997), pp.325~336 참고.

33 케노시스란 원래 예수 그리스도가 낮은 인간의 모습으로 오신 그의 자신을 낮추심과 겸손을 의미하는 신학적 용어다.

2장

1 흄, 『종교의 자연사』, 이태하 옮김(아카넷, 2000), p.52.

2 필 주커먼, 『신 없는 사회』, 김승욱 옮김(마음산책, 2012), p.304.

3 이를 짐작할 수 있는 인터뷰 대목이 있다. 인터뷰에 응한 크리스티안이라는 검사는 자신의 친한 친구가 어느 날 자기에게 하느님을 믿는다고 고백해서 아주 놀랐다고 말한다. 이런 고백은 아주 이례적인 것으로서 그 친구는 고백에 이어 "날 나쁜 사람으로 생각하지 말아줘"라고 말했는데 이 말은 스칸디나비아에서는 신을 믿는다고 해도 그 사실을 남들에게 쉽게 고백할 수 없는 분위기임을 전해준다(주커먼, 같은 책, p.97). 게다가 스칸디나비아인 중 많은 사람이 하느님을 믿지 않는다고 말하면서도 무신론자로 자신을 규정하기를 꺼리는데 그들은 하느님을 믿지는 않지만 말로 설명할 수 없는 뭔가를 믿는다고 말한다. 주커먼은 신을 믿지 않는 것과 무신론은 결국 같은 말이라 여기는데 그들이 왜 그런 반응을 보이는지 이해하지 못하겠다고 말한다(같은 책, pp.272~273). 주커먼이 그들을 이해하지 못하는 것은 그들이 성서의 하느님과 신을 동의어로 보기 때문이다. 다시 말해 불합리한 존재로 여겨지는 성서의 하느님을 신이라고 생각하지 않기에 하느님이 없다고 말하는 것이다.

4 같은 책, pp.214~250.

5 틸리히, 『종교와 문화』, 이계준 옮김(전망사, 1984), p.156.

6 주커먼은 신의 존재에 대한 믿음이 없이 종교적 전통을 지키는 것을 문화적 종교라 말한다(주커먼, 『신 없는 사회』, pp.252~277).

7 같은 책, pp.130~131.

8 소크라테스는 그의 최후 변론에서 자신이 청년들과 더불어 행하는 물음들 즉 어떤 삶이 의미 있는지를 묻지 않는 삶은 '살 가치가 없는 삶'이라고 말한다[플라톤, 『소크라테스의 변론』, 38a; 『플라톤의 네 대화편: 에우티프론, 소크라테스의 변론, 크리톤, 파이돈』, 박종현 옮김(서광사, 2003), p.176].

9 불교의 핵심 교리로서 네 가지 성스러운 진리인 고(苦), 집(集), 멸(滅), 도(道)를 가리킨다. 삶은 고통이며, 그 고통은 집착에서 오며, 집착에서 벗어날 수 있으

며, 그것을 벗어나는 방법은 팔정도라는 것이다.

10 사성제 중 도제의 내용에 해당하는 것으로서 정견(正見)·정사유(正思惟)·정어 (正語)·정업(正業)·정명(正命)·정념(正念)·정정진(正精進)·정정(正定)을 말한 다.

11 불교에서 수행에 의해 진리를 체득하여 미혹(迷惑)과 집착(執着)을 끊고 일체의 속박에서 해탈(解脫)한 최고의 경지를 말한다.

12 『묘법연화경』 3장 「비유로 가르침[譬喩品]」에 나오는 비유임.

13 엘리아데, 『성과 속』, 이은봉 옮김(한길사, 2004), p.51.

3장

1 Zwingli, U., *Commentary on True and False Religion*, ed. by S. M. Jackson(Labyrinth Press, 1981).

2 Smith, W. K., *The Meaning and End of Religion*(Minneapolis: Fortress Press, 1991), pp.42~43.

3 Hooykaas, R., *Religion and the Rise of Modern Science*(Grand Rapids, Michigan: Eerdmans, 1972), pp.135~149.

4 Galileo, "Galileo's letter to the Grand Duchess Christina," *The Galileo's Affair*, ed. by M. Finocchiaro(Berkeley: University of California Press, 1989), p.93.

5 중세시대에는 능산적 자연은 창조자로서의 신을, 소산적 자연은 피조 된 자연을 의미하는 것이었다. 그러나 스피노자는 이 두 개념을 창조주와 피조물의 관계가 아닌 범신론적 차원에서 이해한다. 그 결과 능산적 자연은 자기 자신이 이해하 는 실체로서의 신을, 소산적 자연은 신적 본성의 필연성에 따라서 생겨나는 실 체의 여러 변화 현상을 의미한다.

6 Baumgardt, C., *Johannes Kepler, Life and Letters*(New York, 1951), p.50.

7 Westfall, R. S., "The Rise of Science and the Decline of Orthodox Christianity: A Study of Kepler, Descartes and Newton," D. C. Lindberg and R. L. Numbers, *God and Nature: Historical Essays on the Encounter between Christianity and Science*(Berkeley: University of California Press, 1986), pp.230~233.

8 Clarke, S., *A Demonstration of the being and attributes of God and other writings*, ed. by E. Vailati(New York: Cambridge University Press, 1998), p.19.

9 Locke, J., *Essays on the law of Nature*(London: Oxford University Press, 1954), pp.277~278.

10 Aquinas, T., *Summa Theologica*, I, Q. 1, A. 8.

11 Locke, J., *An Essay Concerning Human Understanding*(London: Oxford University Press, 1975), bk. IV, ch. 12, sec. 4.

12 Locke, J., *A Letter Concerning Toleration*(Indianapolis: Bobbes-Merrill Co., 1955), p.34.

13 Locke, J., *The Reasonableness of Christianity, in The Works of John Locke*, Vol. VII(Scientia Verlag Aalen, 1963), bk. IV, ch. 19, sec. 3.

14 같은 책, pp.148~151.

15 같은 책, pp.157~158.

16 로크는 예수의 십자가에서의 죽음을 모든 인간의 죄를 대속한 구속의 사건이 아니라 아담이 죄를 지은 이후 인간이 구원을 받을 수 있다는 가능성을 보여준 사건으로 이해한다. 즉 예수는 죽음으로 인해 자신의 구원과 영생을 얻었다는 것이다(같은 책, pp.162~164).

17 Buckley, M. J., *At the Origins of Modern Atheism*(New Haven and London: Yale University Press, 1987), p.37.

18 애덤 스미스는 국가의 부를 결정하는 경제법칙을 찾아 나섰고, 볼테르는 도덕을 순수한 사회적 산물로 보았으며, 기번은 역사적 기술에서 철저히 자연적 인과관계만을 기술하는 과학적 역사관을 고수하였다.

19 Herbert, E., *De Veritate*, tr. by M. H. Carr?(Routledge/Thoemmes Press, 1992), p.137.

20 Tindal, M., *Christianity as old as the Creation*(Routledge/Thoemmes Press, 1995), p.3.

21 같은 책, p.7.

22 Stephen, L., *History of English Thought in the Eighteenth Century*(New York & Burlingame: Harcourt, Bruce & World, 1962), pp.157~234.

23 칸트의 정언명법은 결국 양심의 윤리학인 것이다.

24 Hume, D., *Essays, Moral, Political, and Literary*, ed. by Eugene, F. Miller (Indianapolis: Liberty Press, 1985), p.167.

25 James, W., *The Varieties of Religious Experience*(New York: The Modern Liberty,

종교의 미래

1902), p.454.

26 이태하, 「근대철학과 종교」, 《가톨릭철학》 18호(2012), p.61.

27 Franklin, B., *Autobiography of Benjamin Franklin*(Boston: Ginn & Co., 1891), p.131f.

28 루소, 『사회계약론』, 이환 옮김(서울대 출판부, 2003), pp.176~177.

29 Bellah, R. N., "Civil Religion in America," *Daedalus* 96(1967).

30 같은 책, p.7.

31 역사적 이신론이란 신이 이 세계를 창조한 이후에는 이 세계에 대해 손을 떼었다고 믿는 일반적 이신론과는 달리 신은 이 세계에 대해 초자연적 방식(기적)이 아닌 자연적 방식(자연법칙)으로 이 세계에 관여하고 있다고 믿는 이신론이다.

32 Bellah, R. N., "Civil Religion in America," p.12.

33 이 책의 원제는 '*Moral Man and Immoral Society*'이다. 한국어판 제목은 '도덕적 인간과 비도덕적 사회'인데 이는 옳은 번역이 아니다. 'immoral'의 번역은 '비도덕적'이 아니라 '부도덕적'이라고 해야 옳다. 비도덕적이란 'non-moral'을 뜻하며 이는 도덕의 대상이 아니라는 것을 의미한다.

34 라인홀드 니이버, 『도덕적 인간과 비도덕적 사회』, 이병섭 옮김(현대사상사, 1984), p.118.

35 같은 책, p.81.

4장

1 Carnap, R., "Empiricism, Semantics, and Ontology," in *Philosophy of Mathematics*, ed. by P. Benacerraf and H. Putnam(Cambridge: Cambridge University Press, 1983), pp.241~257.

2 Poidevin, R., *Arguing for Atheism: An Introduction to the Philosophy of Religion*(London and New York: Routledge, 1996), pp.107~134.

3 Kenny, A., *A Path from Rome*(Oxford: Oxford University Press, 1985); *What I Believe*(London & New York: Continuum, 2006), ch. 6.

4 파스칼은 신이 존재하는지 여부를 알 수 없다면 신의 존재를 믿지 않는 데 내기를 걸기보다는 신의 존재를 믿는 데 내기를 거는 것이 자신에게 유리하기에 신을 믿어야 한다고 말한다[파스칼, 『팡세』, 권응호 옮김(홍신문화사, 1994), p.103].

5 Walton, K., "Fearing Fiction," *Journal of Philosophy* 65(1978), pp.5~27; "How close are Fictional Worlds to the Real World?," *Journal of Aesthetics and Art Criticism* 37(1978), pp.11~23.

6 Cupitt, D., 『떠나보낸 하느님』, 이세형 옮김(한국기독연구소, 2006), p.224.

7 제임스, 『종교적 경험의 다양성』, 김재영 옮김(한길사, 2000), p.93.

8 이 글에서 제임스는 류바(Lueba) 교수의 말을 인용해 종교적 경험의 유용성을 설명하고 있다(같은 책, p.595).

9 Rorty, R., "Pragmatism as Romantic Polytheism," in *The Revival of Pragmatism: New Essays on Social Thought, Law and Culture*, edited by Morris Dickstein(Durham: Duke University Press, 1998) pp.27~29.

10 같은 책, pp.23~24.

11 에머슨은 삼위일체를 부인하며 신은 하나라고 주장하는 유니테리언 교회의 목사인 부친의 영향으로 하버드 대학 졸업 후 하버드신학교를 나와 잠시 목회도 했으나 부인이 사망하자 목사직을 사임했다. 이후 그는 유럽으로 여행을 떠나 19세기 영국 낭만주의자들인 콜리지(Samuel T. Coleridge), 워즈워스(William Wordsworth), 칼라일(Thomas Carlyle) 등과 교류를 하며 자신의 초월주의를 발전시켰다.

12 http://blog.naver.com/ksmnabi/100123398204에서 인용.

13 Foucault, M., *Surveiller et Punir: Naissance de la prison*(Gallimard, 1975), p.32.

14 퀘이커 교파에 의해 운영된 묵상의 집에서 이루어진 종교 교육의 본질은 광인들에게 종교적인 도덕을 부과해 그들로 하여금 자기 자신과 자신의 타락한 환경에 대해 투쟁하도록 하는 것이었다. 따라서 여기서는 노동이 도덕적 치료로 등장했는데, 노동을 위한 시간의 규제, 주의력의 요구, 생산의 의무는 광인들의 정신적 여유를 박탈해서 그들을 도덕과 책임의 체계로 편입시켰다.

15 이태하, 「탈근대성의 시각에서 바라본 종교: 푸코와 로티」, 《철학연구》 32(2006), pp.175~183.

16 Rorty, R., "Religion as Conversation-Stopper," *Philosophy and Social Hope*(Penguin Books, 1999), p.171.

17 Rorty, R., "Pragmatism as Romantic Polytheism," p.32.

18 아포리아란 '통로가 없음', '길이 막혔음'을 의미하는 그리스어로서 해결할 수 없

216

는 문제를 말한다.

5장

1 Heidegger, M., *Identität und Differenz*(Pfullingen: Verlag Günther Neske, 1958), p.65.

2 Pseudo-Dionysius, *Pseudo-Dionysius: The Complete Works*, trs. by Colm Luibheid(New York: Paulist Press, 1987), p.101.

3 Marion, J. L., *The Idol and Distance: Five Studies. Perspectives in Continental Philosophy*(New York: Fordham University Press, 2001).

4 예를 들어 어떤 용어의 의미 즉 어떤 능기의 소기를 알기 위해서 사전을 찾아보는 경우, 어떤 용어(능기)의 정의(소기)는 다른 여러 가지 용어(능기)의 집합으로 형성되어 있고, 이들 능기의 정의는 다른 모든 능기들과 변별되는 차이에 의해 영향을 받을 뿐만 아니라, 능기는 소기로 전환되고 소기가 다시 새로 찾아봐야 할 능기로 끝없이 순환 과정을 되풀이하는 가운데 최종적인 의미는 끝없이 연기되고 지연되는 것이다.

5 Caputo, J. D., *The Prayer and Tears of Jacques Derrida: Religion without Religion*(Bloomington & Indianapolis: Indiana University Press, 1997), pp.1~68.

6 Caputo, J. D., *The Weakness of God: A Theology of the Event*(Bloomington & Indianapolis: Indiana University Press, 2006), p.34.

7 존 카푸토, 『종교에 대하여』, 최생열 옮김(동문선, 2001), pp.156~157.

8 "아직까지 하느님을 본 사람은 없습니다. 그러나 우리가 서로 사랑한다면 하느님께서는 우리 안에 계시고 또 하느님의 사랑이 우리 안에서 이미 완성되어 있는 것입니다(『요한 1서』 4:12)."

9 Vattimo, G., "The Age of Interpretation," *The Future of Religion*, ed. Santiago Zabala(New York: Columbia University Press, 2005), pp.50~51.

10 Zabala, S., "A Religion without Theists or Atheists," *The Future of Religion*, p.14.

11 Vattimo, G., "Toward a nonreligious Christianity," *After the Death of God*, ed. J. W. Robbins(New York: Columbia University Press, 2007), p.45.

12 John Paul II, *Fides et Ratio*(Encyclical letter), 15 September 1998, #5.

13 Vattimo, G., "The Age of Interpretation," *The Future of Religion*, p.49.

14 같은 책, pp.53~54.

15 Vattimo, G., "Toward a nonreligious Christianity," *After the Death of God*, p.45.

6장

1 모순 · 대립하는 것을, 즉 정(正, thesis)과 반(反, antithesis)의 부정적인 면은 버리고 긍정적인 것은 끌어올려 한 단계 높은 차원에서 하나로 통합[合]하는 것을 말한다.

2 하버드 대학 세계종교연구소장을 10여 년간 역임한 20세기 가장 영향력 있는 비교종교학자이다. 대표 저작은 『종교의 의미와 목적』이다.

3 Smith, W. K., The *Meaning and End of Religion*(Minneapolis: Fortress Press, 1991), pp.42~43.

4 『창세기』 3:16~18.

5 레비나스는 제2차 세계대전 중 프랑스군 통역장교로 참전했다가 독일군 포로가 되어 수용소에서 5년간 강제노동을 했으며 리투아니아에서 살던 그의 가족은 나치에 의해 모두 학살되었다.

6 1960년대 미국 신학계를 풍미했던 신학으로서 이 신학의 대표자격인 토머스 알타이저(Thomas Altizer)와 윌리엄 해밀턴(William Hamilton)은 『급진적 신학과 신의 죽음(Radical Theology and the Death of God)』(1966)을 통해 사신신학을 전개했다. 여기서 알타이저와 해밀턴은 신의 육화로서 예수는 완전한 인간이 되었으며 육화를 통해 신은 죽었다고 선언한다. 이제 초월적인 신은 죽었으며 부활도 영생도 존재하지 않는다. 인간은 불안과 절망에서 벗어나기 위해 더 이상 하느님을 찾을 수도 없고 찾아서도 안 된다. 인간은 이제 그 스스로 불안과 절망으로부터 벗어나야 하는 것이다. 이 같은 사신신학은 부활과 영생을 통해 현세의 고통과 고난을 회피했던 기독교에 대한 철저한 자성의 결과로 나온 신학이다.

7 Levinas, E., *Difficile liberté. Essais sur le judaisme*(Paris: Albin Michel, 1976), p.20.

8 Levinas, E., *Le temps et l'autre*(Montpellier: Fata Morgana, 1975), p.75.

9 Levinas, E., *Totalité et Infini. Essai sur l'extériorité*(La Haye: Martinus Nijhoff, 1961), p.229.

10 강영안, 「레비나스: 타자성의 철학」, 《철학과 현실》 25(1995), p.181.

11 Levinas, E., *Totalité et Infini. Essai sur l'extériorité*, pp.194~195.

12 강영안, 「레비나스: 타자성의 철학」, pp.80, 228.

13 같은 책, p.153.

14 사르트르, 『닫힌 방/악마와 선한 신』, 지영래 옮김(민음사, 2013), p.309~310.

15 리꾀르, 『해석의 갈등』, 양명수 옮김(아카넷, 2001), pp.415~542.

16 같은 책, p.508.

7장

1 해리스, 『종교의 종말』, 김원옥 옮김(한언, 2005), pp.265~271.

2 존 로크나 데이비드 흄이 바로 여기에 해당한다. 로크는 인간 이성의 한계와 감성의 영향력을 알고 있었기에 이신론을 수용하지 않았으며, 흄 역시 인간 이성은 감성의 노예일 수밖에 없음을 고백하였다.

3 니이버, 『도덕적 인간과 비도덕적 사회』, 이병섭 옮김(현대사상사, 1984), p.10.

4 도킨스, 『만들어진 신』, 이한음 옮김(김영사, 2007), pp.7~8.

5 암스트롱, 『신을 위한 변론』, 정준형 옮김(웅진지식하우스, 2010), pp.446~458.

6 몰트만, 『십자가에 달리신 하나님』, 김균진 옮김(한국신학연구소 출판부, 1982), pp. 265~266.

7 윌프레드 캔트웰 스미스는 우상숭배에 대해 다음과 같이 말한다. "19세기의 한 찬송가에는 '이방인들은 눈 어두워 나무와 돌에 절한다'라는 구절이 있다. 그러나 여기서 눈 어두운 사람들은 이방인이 아니라 관찰자이다. 아무리 낮게 잡아도 '우상숭배자'는 내(관찰자)가 보고 있는 대로의 돌을 숭배하는 것이 아니라 그(이방인)가 보고 있는 대로의 돌을 숭배하는 것이다[스미스 W. K., 『종교의 의미와 목적』, 길희성 옮김(분도출판사, 1991), p.192]."

8 암스트롱, 『축의 시대』, 정영목 옮김(교양인, 2010), pp.2~6.

9 Tillich, P., *Theology of Culture*(Oxford: Oxford University Press, 1959), p.129.

10 슐라이어마허, 『종교론』, 최신한 옮김(대한기독교서회, 2002), p.45~118. 『종교론 (*Reden über die Religion*)』은 슐라이어마허가 1799년 31살에 익명으로 출간한 저서로서 "종교를 멸시하는 지식인들에게"라는 부제를 달고 있다. 부제가 말해주듯이 책은 계몽주의의 여파로 인해 생겨난 당시 지식인들의 반기독교적 성향을 비판하고 기독교를 옹호하기 위해 쓴 책이다.

11 암스트롱, 『신의 역사』 2권, 배국원 · 유지황 옮김(동연, 1999). p.676.

12 야스퍼스는 기원전 900년에서 기원전 200년까지 세계의 네 지역에서 출현한 위

대한 종교적 전통 즉 중국의 유교와 도교, 인도의 힌두교와 불교, 유대교와 기독교, 그리고 그리스의 철학 등이 인류의 정신적 발전에서 중심축을 이룬다고 보았기에 이들 전통이 생겨난 시기를 일명 축의 시대라고 말한다(암스트롱, 『축의 시대』, p.6).

13 "老僧三十年前未參禪時 見山是山 見水是水. 及至後來 親見知識 有個入處見山不是山 見水不是水. 而今得個休歇處 依前見山只是山 見水只是水."

종교의 미래

참고문헌

국내문헌

강영안, 「레비나스: 타자성의 철학」, 《철학과 현실》 25, 1995.

강영안, 「책임으로서의 윤리: 레비나스의 윤리적 주체개념」, 《철학》 81, 2004.

강영안, 『타인의 얼굴: 레비나스의 철학』, 문학과 지성사, 2007.

강영안, 「레비나스의 신 담론」, 《대동철학》 57, 2011.

거드리, 『희랍철학입문』, 박종현 옮김, 종로서적, 1982.

게이, P., 『계몽주의의 기원』, 민음사, 1998.

김문조, 「시민종교론」, 《현대사회와 종교》, 그리스도교 철학연구소 엮음, 서광사,
    1989.

김이석, 「자크 데리다의 할례 받은 인식론과 종교 없는 종교성: 할례의 상처와 피를
    중심으로」, 《종교와 문화》 23, 2012.

김한식, 「사르트르와 리쾨르: 『악마와 선신』을 통해 살펴본 무신론의 문제」, 《프랑스
    어문교육》 21, 2006.

니버, 『도덕적 인간과 비도덕적 사회』, 이병섭 옮김, 현대사상사, 1984.

도킨스, 『만들어진 신』, 이한음 옮김, 김영사, 2007.

루소, 『사회계약론』, 이환 옮김, 서울대 출판부, 2003.

루스, 『다원주의자가 기독교인이 될 수 있는가?』, 이태하 옮김, 청년정신, 2002.

리쾨르, 『해석의 갈등』, 양명수 옮김, 아카넷, 2001.

맥그라스, 『도킨스의 신』, 김태완 옮김, SFC, 2007.

맥그라스, A., 맥그라스 J., 『도킨스의 망상: 만들어진 신이 외면한 진리』, 전성민 옮
    김, 살림, 2007.

몰트만, 『십자가에 달리신 하나님』, 김균진 옮김, 한국신학연구소 출판부, 1982.

박원빈, 「에마뉘엘 레비나스와 임마누엘 칸트를 중심으로 본 신정론의 비판과 타자

윤리로의 전환」, 《사회와 철학》 15, 2008.

불전간행회 엮음, 『묘법연화경』, 이재호 옮김, 민족사, 1993.

사르트르, 『닫힌 방/악마와 선한 신』, 지영래 옮김, 민음사, 2013.

소포클레스, 『오이디푸스 왕과 안티고네』, 김종환 옮김, 계명대 출판부, 1998.

슐라이어마허, 『종교론』, 최신한 옮김, 대한기독교서회, 2002.

스미스, 『종교의 의미와 목적』, 길희성 옮김, 분도출판사, 1991.

신상희, 「하이데거의 형이상학에 대한 비판과 신적인 신에 대한 사유」, 《하이데거연
　　　구》 9, 2004.

아리스토텔레스, 『형이상학』, 김진성 옮김, 이제이북스, 2007.

아우구스티누스, 『고백록』, 김평옥 옮김, 범우사, 1998.

안택윤, 「데리다의 해체론으로 보는 부정신학과 무의 신비주의」, 《신학사상》 128,
　　　2005.

알버트, 『플라톤 철학과 헬라스 종교』, 이강서 옮김, 아카넷, 2010.

암스트롱, 『신을 위한 변론』, 정준형 옮김, 웅진지식하우스, 2010.

암스트롱, 『축의 시대』, 정영목 옮김, 교양인, 2010.

암스트롱, 『신의 역사』, 배국원 · 유지황 옮김, 동연, 1999.

엘리아데, 『성과 속』, 이은봉 옮김, 한길사, 2004.

오승성, 「탈근대적인 신 인식론의 가능성 탐구: 칼 바르트의 실재론적 관점과 돈 큐
　　　핏의 반실재론적 관점을 넘어서」, 《신학사상》 159, 2012.

윤대선, 「레비나스의 얼굴개념과 타자철학」, 《철학과 현실》 61, 2004.

윤대선, 「레비나스의 타자철학: 소통과 초월의 윤리를 찾아서」, 문예출판사, 2009.

윤원준, 「아케다와 자크 데리다의 윤리적 종교성」, 《문학과 종교》 15(3), 2010.

이유선, 「종교와 진리의 문제: 프래그마티즘의 관점」, 《철학연구》 40, 2010.

이은주, 「사건과 해체: 존 카푸토의 사건의 신학」, 《신학논단》 68, 2012.

이태하, 「흄과 종교」, 《철학연구》 39, 1996.

이태하, 「기적에 대한 흄의 비판」, 《종교신학연구》 10, 1997.

이태하, 『경험론의 이해: 자연과학에서 문예비평으로』, 프레스 21, 1999.

이태하, 『종교적 믿음에 대한 몇 가지 철학적 반성』, 책세상, 2000.

이태하, 「17~8세기 영국의 이신론과 자연종교」, 《철학연구》 63, 2003.

이태하, 「탈근대성의 시각에서 바라본 종교: 푸코와 로티」, 《철학연구》 32, 2006.

이태하, 「기독교 과학은 가능한가?: 플란팅가의 아우구스티누스과학」, 《철학연구》
    104, 2007.

이태하, 「근대철학과 종교」, 《가톨릭철학》 18, 2012.

이태하, 「종교개혁과 근대철학의 형성」, 《철학연구》 126, 2013.

제임스, 『종교적 경험의 다양성』, 김재영 옮김, 한길사, 2000.

주커먼, 『신 없는 사회』, 김승욱 옮김, 마음산책, 2012.

카시러, 『계몽주의 철학』, 박완규 옮김, 민음사, 1995.

카푸토, 『종교에 대하여』, 최생열 옮김, 동문선, 2001.

쿠치키, 『현대의 신』, 진철승 옮김, 범우사, 1987.

큐핏, 『떠나보낸 하느님』, 이세형 옮김, 한국기독연구소, 2006.

틸리히, 『종교와 문화』, 이계준 옮김, 전망사, 1984.

파스칼, 『팡세』, 권응호 옮김, 홍신문화사, 1994.

플라톤, 『파이돈』, 세계의 대사상 1, 박종현 옮김, 휘문출판사, 1976.

플라톤, 『플라톤의 네 대화편: 에우티프론, 소크라테스의 변론, 크리톤, 파이돈』, 박
    종현 옮김, 서광사, 2003.

해리스, 『종교의 종말』, 김원옥 옮김, 한언, 2005.

헤로도토스, 『역사』, 박현태 옮김, 동서문화사, 2008.

국외문헌

Altizer, T. & Hamilton, W., *Radical Theology and the Death of God*,
    Indianapolis: Bobbs- Merrill, 1966.

Aquinas, T., *Introduction to St. Thomas Aquinas: The Summa Theologica &
    The Summa Contra Gentiles*, ed. by Anton c. Pegis, New York: Modern
    Library, 1948.

Barnes, J. trans & ed., *Early Greek Philosophy*, London: Penguin Books, 1987.

Baumgardt, C., *Johannes Kepler, Life and Letters*, New York, 1951.

Bella, R. N., "Civil Religion in America," *Daedalus* 96, 1967.

Buckley, M. J., *At the Origins of Modern Atheism*, New Haven and London:
    Yale University Press, 1987.

Caputo, J. D., *The Prayer and Tears of Jacques Derrida: Religion without*

Religion, Bloomington & Indianapolis: Indiana University Press, 1997.

Caputo, J. D., *The Weakness of God: A Theology of the Event*, Bloomington & Indianapolis: Indiana University Press, 2006.

Carnap, R., "Empiricism, Semantics, and Ontology," in *Philosophy of Mathematics*, (eds.) P. Benacerraf and H. Putnam, Cambridge: Cambridge University Press, 1983.

Clarke, S., *A Demonstration of the being and attributes of God and other writings*, ed. by E. Vailati, New York: Cambridge University Press, 1998.

Franklin, B., *Autobiography of Benjamin Franklin*, Boston: Ginn & Co., 1891.

Foucault, M., *Surveiller et Punir: Naissance de la prison*, Gallimard, 1975.

Galileo, G., "Galileo's letter to the Grand Duchess Christina," *The Galileo's Affair*, M. Finocchiaro, Berkeley: University of California Press, 1989.

Heidegger, M., *Identität und Differenz*, Verlag Günther Neske, Pfullingen 1958.

Herbert, E., *De Veritate*, translated by M. H. Carré, Routledge/Thoemmes Press, 1992.

Hooykaas, R., *Religion and the Rise of Modern Science*, Grand Rapids, Michigan: Eerdmans, 1972.

Hume, D., *Essays, Moral, Political, and Literary*, Eugene, F. Miller, Indianapolis: Liberty Press, 1985.

James, W., *The Varieties of Religious Experience*, New York: The Modern Liberty, 1902.

Kenny, A., *A Path from Rome*, Oxford: Oxford University Press, 1985.

Kenny, A., *What I Believe*, London & New York: Continuum, 2006.

Knitter, P., *No Other Name?*, New York: Orbis Books, 1985.

Levinas, E., *Totalité et Infini. Essai sur l'extériorité*, La Haye: Martinus Nijhoff. 1961.

Levinas, E., *Autrement qu'être ou au-delà de l'essence*, La Haye: Martinus Nijhoff. 1974.

Levinas, E., *Difficile liberté. Essais surle judaisme*, Paris: Albin Michel, 1976.

종교의 미래

Levinas, E., *Le temps et l'autre*, Montpellier: Fata Morgana. 1979.

Locke, J., *A Letter Concerning Toleration*, Indianapolis: Bobbes-Merrill Co., 1954.

Locke, J., *Essays on the law of Nature*, Oxford University Press, 1954.

Locke, J., *The Reasonableness of Christianity*, in The Works of John Locke, Vol. VII, Scientia Verlag Aalen, 1963.

Locke, J., *An Essay Concerning Human Understanding*, Oxford University Press, 1975.

Marion, J. L., *The Idol and Distance: Five Studies. Perspectives in Continental Philosophy*, New York: Fordham University Press, 2001.

John Paul II, *Fides et Ratio*(encyclical letter), 15 September 1998.

Orr, J., *English Deism: Its Roots and Its Fruits*, WM. B. Eerdmans Publishing Company, 1934.

Poidevin, R., *Aruging for Atheism: An Introduciton to the Philosophy of Religion*, London and New York: Routledge, 1996.

Pseudo-Dionysius, *Pseudo-Dionysius: The Complete Works*, Translated by Colm Luibheid, New York: Paulist Press, 1987.

Robbins, J. W. (ed.), *After the Death of God*, New York: Columbia University Press, 2007.

Rorty, R., "Pragmatism as Romantic Polytheism," in *The Revival of Pragmatism: New Essays on social Thought, Law and Culture*, edited by Morris Dickstein, Durham: Duke University Press, 1998.

Rorty, R., "Religion as Conversation-Stopper," *Philosophy and Social Hope*, Penguin Books, 1999.

Smith, W. K., *The Meaning and End of Religion*, Minneapolis: Fortress Press, 1991.

Stephen, L., *History of English Thought in the Eighteenth Century*, New York & Burlingame: Harcourt, Bruce & World, 1962.

Tillich, P., *Theology of Culture*, London: Oxford University Press, 1959.

Tindal, M., *Christianity as old as the Creation*, Routledge/Thoemmes Press,

참고문헌

1995.

Toynbee, A., *An Historian's Approach to Religion*, New York: Oxford University Press, 1956.

Vattimo, G., "The Age of Interpretation," *The Future of Religion*, ed. by Santiago Zabala, New York: Colombia University Press, 2005.

Vattimo, G., "Toward a nonreligious Christianity," in *After the Death of God*, ed by J. W. Robbins, New York: Columbia University Press, 2007.

Walton, K., "Fearing Fiction," *Journal of Philosophy* 65, 1978.

Walton, K., "How close are Fictional Worlds to the Real World?", *Journal of Aesthetics and Art Criticism* 37, 1978.

Westfall, R. S., "The Rise of Science and the Decline of Orthodox Christianity: A Study of Kepler, Descartes and Newton," D. C. Lindberg and R. L. Numbers, *God and Nature: Historical Essays on the Encounter between Christianity and Science*, Berkeley: University of California Press, 1986.

Wittgenstein, L., *Tractatus Logico-Philosophicus*, New York: The Humanities press, Inc., 1951.

Zabala, S., "A Religion without Theists or Atheists," *The Future of Religion*, ed. by Santiago Zabala, Colombia University Press, 2005.

Zwingli, U., *Commentary on True and False Religion*, ed. by S. M. Jackson, Labyrinth Press, 1981.

종교의 미래

찾아보기

종교의 미래

이태하는 서강대학교 철학과와 같은 대학교 대학원을 졸업했다. 이후 미국의 예수회 대학인 세인트루이스 대학에서 박사학위를 받았다. 한라대학교 교양과정부 전임강사, 서경대학교 철학사상연구소 연구교수를 거쳐 현재 세종대학교 교양학부 교수로 있다. 주요 저서로는 『자연과학에서 문예비평으로』(1999), 『종교적 믿음에 대한 몇 가지 철학적 반성』(2000), 『종교다원주의 시대의 기독교와 종교적 관용』(2001, 공저), 『다원주의 시대의 윤리: 이론과 적용』(2009) 등이 있고, 주요 역서로는 『이성과 신앙』(1999), 『다원주의자가 기독교인이 될 수 있는가?』(2002), 『기적에 관하여』(2003), 『신과 타자의 정신들』(2004), 『종교의 자연사』(2004), 『자연종교에 관한 대화』(2008) 등이 있다.

대우휴먼사이언스 001

종교의 미래
반종교와 무신론을 넘어서

1판 1쇄 펴냄 | 2015년 7월 20일
신판 1쇄 펴냄 | 2015년 11월 23일
신판 2쇄 펴냄 | 2016년 3월 16일

지은이 | 이태하
펴낸이 | 김정호
펴낸곳 | 아카넷

출판등록 | 2000년 1월 24일(제406-2000-000012호)
주소 | 10881 경기도 파주시 회동길 445-3
전화 | 031-955-9511(편집) · 031-955-9514(주문)   팩시밀리 | 031-955-9519
www.acanet.co.kr

ⓒ 이태하, 2015

Printed in Seoul, Korea.

ISBN 978-89-5733-469-0 94110
ISBN 978-89-5733-452-2 (세트)

이 도서의 국립중앙도서관 출판예정도서목록(CIP)은 서지정보유통지원시스템 홈페이지(http://seoji.nl.go.kr)와 국가자료공동목록시스템(http://www.nl.go.kr/kolisnet)에서 이용하실 수 있습니다.(CIP제어번호:CIP2015030286)

이 제작물은 아모레퍼시픽의 아리따글꼴을 사용하여 디자인 되었습니다.